地獄の楽しみ方

學校沒教的事，就問大師

人間地獄，語言為器

任雙秋——譯

京極夏彥

日本講談社公開招募十五歲至十九歲的五十位學生，在二〇一九年七月二十七日以他們為對象，舉行特別授課，本書即依據京極夏彥先生該講座授課內容編輯而成。

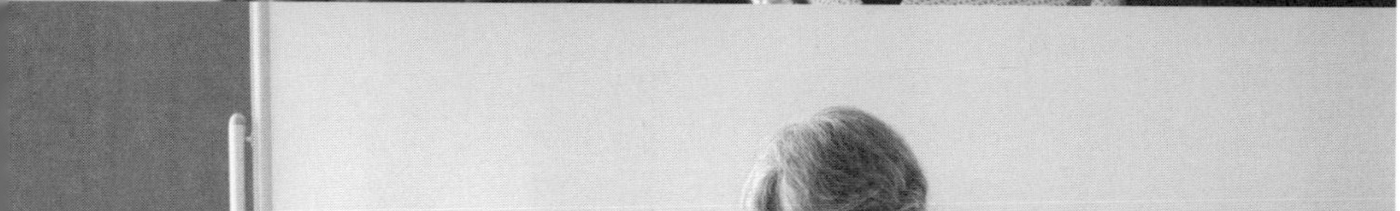

京極夏彦與十多歲青少年對話限定特別講座
「為了不戰鬥～語彙和思考」

目錄

與京極老師一問一答聊語言

開場白

大家好。

知道我的人，不需要我自我介紹都知道我吧。不過，我還是說一下，我的工作是寫小說。而且，我寫的還是通俗文學，娛樂小說。我的小說內容並不是很艱澀難懂。我就是寫寫娛樂性高、讓人讀起來開心的小說過日子的人。換句話說，像這樣在講壇上說話，我是門外漢。既然演講並非我的本行，那麼我可能不是很能言善道，一開始要請你們先記住這一點。

我接下來要談的內容，對你們來說並不實用。

不過，這些內容你們可以好好利用。「在學校念的書，到了社會上根本一點用處都沒有嘛！」經常有人會這麼說，對吧。可是呢，並非在學校所學的內容沒有用處，只不過是沒有好好利用學校的那些學問罷了。

比如說，對於智慧型手機軟體的應用程式，假設你們已經學會理性而有效地使用和操作它的技能了。這可能是目前非常實用的知識吧。

可是，如果在智慧型手機普及率明顯很低的地區，或更確切地說，在沒有電磁波訊號的大沙漠中央，或置身叢林的內陸深處，就算我們在那裡學會了操作這些應用程式的技能，也是一點用處都沒有吧。因為，智慧型手機在那種地方就是沒辦法使用嘛！

然而，對於如何理性而有效地使用智慧型手機的軟體應用程式，假如我們不只是把這些知識技能當成方便實用的操作指南來使用，而是嘗試進一步從當中學習、思考為何那個應用程式很有效率、很好用，並且能因此領會，理性不濫用而有效所代表的意思，並且以行動實踐，那麼會如何呢？

一旦我們能夠把合理有效這個概念從學習操作軟體的過程中提煉出來，那麼，智慧型手機和軟體應用程式等這些個別元素就是可替換的概念了。只要我們能掌握這個要領舉一反三，將其他代入去思考的話，那麼，說不定它也能成為在叢林沙漠中可以合理有效使用的知識技能喔！

這表示，我們其實可以將那項知識好好利用，應用到其他用途上，而不侷限於智慧型手機或應用程式上。

這世界上有不少人都會說一些似乎有用的話。

每個人都說好聽的話。當你們聽到令人感動的話，有時可能也會認為：「啊，的確，沒錯，這些真的很有用。我聽到了金玉良言！」

不過，動聽的話大概都派不上用場。

當然啦，如果你們堅信不疑，覺得那些確實對你有用的話，那麼，你們就會感覺好像有用吧。那些話當中，有些還真的管用，只不過，並不是因為那些話本身派上用場了，而是聽到那些話的人有能力好好利用話語，讓話語變得對自己有幫助，應該這樣理解。不過，假如你們只會囫圇吞棗，盲目聽信一切的話，是不會有任何幫助的。

相反地，再怎麼無聊、無趣的話，如果你們想要讓它對你有幫助，那麼它就會有用處。

學校裡教的東西，照理說一般能派上用場才對。因為，國家花好多年的時間教小孩子學習那些完全不需要的知識，而且還是幾十年來持續不斷實施的教育，按常理來說，應該是不會做這麼愚蠢的事。再說啦，不管學校教得再怎麼差勁，只要你懂得學習之道，善於應用，總會有辦法的。

所以，我現在開始要聊的內容，你們聽了，請不要照單全收，一概認為「哇，很有用哦」。這些內容要能被充分利用，應該怎麼做才好呢？請你們好好去思考吧。

京極夏彥

第 1 部

如何避免掉入語言的陷阱──

語言是人類最大的發明

我因為從事小說創作，靠著寫寫文章賺錢謀生。所以，我從事的就是運用語言文字來加以處理的工作。因此，首先我想來聊一聊語言這個話題。

語言，毫無疑問地，是人類最大的發明。我們可以說，在語言發明之後全部的發明，不靠語言是不可能產生的。無論是印刷機的發明也好，電燈泡也罷，假如沒有語言，後來的這些發明應該都不會出現的。為什麼會這樣呢？

我們人類是動物，對吧。除了人類，還有很多其他動物生存在這個世界上。全部都是生物。照理說，動物既然也要生存在世界上，那麼，其他的動物也有牠們自己對世界的認知才對呀。只不過，對於世界的理解、把握和認識世界的方式，人類和其他動物似乎截然不同。在你們當中，想必也有人飼養貓狗吧。但由於貓狗都不是人類，所以，貓狗看到的世界跟我們看到的世界未必一樣。我所講的並不是貓狗不能分辨顏色，或者眼睛無法對焦等等之類的話題。

從結構簡單的低等動物到結構複雜的高等動物，每一種動物都有各自認識世界的方式。儘管認識世界的方式都不同，但基本上，對動物而言只有「現在」。他們——稱「他們」雖然也有點奇怪，不過，基本上動物是靠著模式識別[1]，即重複習慣的行為模式來識別、感知各種事物的。昨天和今天沒有區別。動物只知道昨天跟今天的「不一樣」而已。為什麼呢？很顯然，動物根本不了解昨天和今天這種時間的概念。

若是稍微高等一點的動物，牠們就知道「週期」這種現象。睡覺、醒來，然後再睡覺。在這當中，就去覓食，從事捕捉食物的活動。這些都是固定的行為活動模式。所以，這些動物對於所謂「一天」這種模式規律是有些微認知的。要怎麼做才能捕獲食物？什麼東西有危險？為了避開那個危險，要怎麼做才好？諸如此類的事情，其實連動物也在學習。只不過，我不認為動物具有時間的概念就是了。所以，

1 習慣的行為模式一般又譯為模式識別（パターン認識，pattern recognition）：指一項基本智能，在識別和分辨事物時，往往在本能或以往的經驗基礎上，自動產生對整體性質和特徵的認識。

＊原書並無註釋，註釋全為譯者所加。

動物只是一直不斷重複著習以為常的行為模式罷了。只有當下、現在，沒有昨天，而且也沒有明天。動物就是那樣活著，因為，那樣生活也沒什麼問題。

但人類可不一樣，因為人類竟然把語言發明出來了。

語言的起源，最初應該是個體所發出的信號，被其他的個體接收後並採取行動，也就是想要進行所謂的訊息交換吧。我認為應該是這樣沒錯。

在人類以外的動物群裡，也有彼此會交換訊息的動物。例如，蜜蜂會透過行進方式、身體擺動的方式，彼此傳遞食物地點的訊息。動物在某種程度上，彼此之間存在著像這種憑著聲音、動作、信號來交換訊息的行為。如果是高等的動物，例如海豚，牠甚至靠著振動脈衝的聲音，就能判知整個物體，以振動來接收訊息、發出訊息，同類之間藉此互相溝通、傳遞訊息。也就是說，這已經相當接近語言了。

雖然這樣好像是在說牠們傳遞訊息又跟語言有什麼差別呢，但就是不一樣。海豚跟海豚之間所交換的只是訊息而已。那裡很危險喲，可以放心喔，或者是有食物等等，諸如此類的訊息。比這些訊號更複雜的互動和你來我往，海豚就辦不到了。

然而，人類就不一樣了！

人類已經取得了比其他動物更複雜的思維能力。然後，語言誕生了。不對，可以說，多虧有了語言，才使得人類的思考能力發展起來。這應該不是哪一個先、哪一個後的問題吧。無論如何，我認為，說我們是靠著語言才有能力思考，一點也不為過。

所以，語言不只是單純的訊息。人類透過語言進行的溝通互動，並非單純地將訊息一來一往這樣交換而已。

這個世界如果就維持原本的狀態，實際上會是混沌的狀態。而語言則具有特別的力量，可以將這種混沌（chaos）變得有秩序（cosmos）[2]。憑著語言，我們已經能夠把腦海裡的東西好好整理整頓成條理有序的狀態。這可是相當了不起的事呢！

2 カオス即古希臘語的 Chaos，指宇宙（コスモス，Cosmos，又表示條理有序）最初所呈現的「混沌」（或寫成混沌）無序的原始狀態。在中國，三國時記載的古代神話，指天與地未分開前為渾沌，後來由盤古氏開天闢地，自此創造了萬物。Chaos 指宇宙初始混沌不明的意涵，一般又形容紊亂無序的狀態。一九六三年由美國氣象學家提出混沌理論以來，在全球眾學科啟發很多研究。在數理航天等自然科學方面，混沌一詞的定義與本書所談不同，不過也透露出事象極龐雜繁複而難以捉摸的意涵。本書最後問答篇有學生提問語言和混沌的關係。

由於動物並無這種需求，因而無法進行整理整頓。可是人類呢，大概是因為語言已經發明出來了，也因此具備了理清和整頓腦袋中事物的能力，既然會了，所以就這麼一直用下去了。

人類這種生物，從原本眼睛、耳朵、鼻子、嘴巴和皮膚等等接收器官接收到外部的各種訊息後，只懂得很簡單地做出反應，竟然演變到能夠將所謂的「意識」弄出型態來，並很快地，到後來連「自我」這些麻煩難搞的概念都能解釋得清清楚楚。這也是拜語言之賜。

「過去」和「未來」是由語言構成的

剛才我說，動物只知道用模式識別來認識各種事物，所以牠們只有「現在」。而語言呢，卻連不是「現在」的東西也給了我們人類。那就是「過去」，以及「未來」。

可是「過去」和「未來」，實際上是「不存在」的。

雖然剛才我說，「只有『現在』」。可是當我剛剛把只・有・現・在的「在」發出聲的那一瞬間，「現」呀「在」呀，都立刻成為過去了。留在腦海裡的，只有發出這樣聲音的記憶而已。

根本就沒有「過去」這種東西。雖然我們說「是過去的日積月累才創造出現在」。而這只是嘴巴上說說的道理，是吧。只要我們生活在這個現實世界的次元中，可想而知，時間的順序就被認為受到嚴密的保護著，因此，回溯到過去這種事今後大概也只有在科幻小說中能辦得到——除此以外，今後是不可能發生穿越時空的事了。沒有「過去」這回事，過去馬上就過去了。而且，所謂的未來，同樣也不存在。因為那是從此以後才要發生的事情，因為未來還沒有來臨啊！

過去和未來，都只存在於我們的腦子裡。

如果換一種說法，那麼，這就是腦子裡會有過去和未來的一個理由。我們之所以能夠認知到昨天和明天，以及它們不是「今天」，正是因為有了語言，才使得這樣的認知能夠成立。有人應該會這麼說：「咦？是真的嗎？什麼叫做沒有『過去』這回事？明明就有過昨天，不是嗎？」可是，不會有的。如果有的話，不然，你拿出來看看啊！沒有就是沒有。

是時間這個概念給了我們「昨天」和「明天」這兩樣東西。

「時間」實在很難解釋，不容易講清楚。為什麼呢？現在，我們住在俗稱的三次元世界[3]，沒錯吧。到底有幾次元，數算的方式眾說紛紜，我聽說還有人規範了四次元的說法，不過，我們就生存在這一個由長度、寬度、高度或深度所認知的世界裡。因此，我們可以理解這樣一個世界裡面的內容，也能理解次元更低的事物。

然而，時間被視為屬於更高次元的存在[4]，因此，我們無法理解領會時間本身。

這麼一來，我們只好把時間換到較低的次元，才能知道時間。我們只能透過「變化」來確認時間，對吧。或者，我們換另一種說法，「運動」也是行得通的吧。

比起剛才坐在這裡的時候，現在我更老了。肉體綿延不斷地一直變化，唯有通過測量肉體變化的形式，我們才能夠認識、理解時間。時鐘不就是這樣嗎？時鐘只是時針一直在移動而已，能確認的只是時針的運動。雖然我們一副好像了解時間的樣子，若無其事平靜地過著日子，但實際上，我們根本不了解時間。因為我們無法解釋時間是什麼。

---

3 次元（dimension），又譯為維度。在流行文化的用語是指平行宇宙。三次元世界指的是現實世界，也就是我們生活的長度、寬度、高度所構成之三度空間和宇宙的真實世界。二次元世界指的是假想世界，多半是指動畫、漫畫和電子遊戲的平面世界以及幻想世界中虛擬角色集合體。四次元世界，包含不可思議現象存在的世界。異次元世界，則是可穿越時空於三次元的現實世界和假想異界的存在。

4 在物理學上，時間是第四維，根據愛因斯坦的相對論，我們生活的三維空間加上時間，成為四維時空，構成宇宙的基本結構。

正因為我們只能用「以前」和「現在」的「差別」來說明時間，除此以外無法解釋時間到底是什麼。

不過，我們倒是感覺自己好像已經理解了時間。那是因為我們已經能創造出時間這個概念了。而創造概念所需要的，當然就是語言。「以前」和「現在」，都只不過是語言罷了。將這些抽象的事物落實到形而下的具體層次，也就是製造出稱為「時間軸」這種像是刻度的東西，然後，試著把一個接著一個消失的「以前」都排列出來。於是，「過去」的概念就此產生了。既然有了「以前」的概念了，那麼也將會有「以後」這個概念連帶出現吧，於是把刻度延長，「未來」這個概念就被假設出來了。

語言文字其實是概念。

比如說，請你們在心裡描繪想像數字。「1」、「2」、「3」，這些都是概念，對吧。因為，實際上，這世界上「1」根本不存在。只是日文的「イチ」（即日文「一」的片假名，讀音為 ichi）這個名稱、聲音與記號，換句話說，也就是語言文

字「イチ」被賦予了「1」這個概念。[5]

現在，請你們在心裡描繪想像類比的時鐘。介於「1」和「2」的刻度之間有空白的間隔，對吧。時針、分針往空出來的地方移動。另一方面，數位時鐘的「1」和「2」之間沒有間隔，只是從「1」變成「2」而已，說變，立刻就變過去了。

語言其實是數位的。這一點可是非常重要喔！

數位和類比的差異，跟計算機相關或不相關等等，其實本來跟這些是沒有什麼關聯的。所謂類比，表示它是有連續性的東西；而數位的，則表示它是非連續性的。在「1」和「2」之間沒有連續性的東西，則它就是數位的。而語言正是數位的東西呢。

5 關於「語言文字是概念」，若牽涉到數字，較嚴謹的說法，日文以平假名、片假名表示的數字本身無「數字」的概念，和中文字不同。因此翻譯時將書中提到的「イチ」，先以片假名標示，而不直接譯成漢字「一」。因為，中文漢字的一、二、三，都屬於指事字，是純象徵性的符號。這幾個文字，積劃成數，從豎寫到今天橫筆的形式，不僅代表語言文字的記號，還蘊含數詞和宇宙世界等抽象概念。中國在商朝時代已使用十進位，有早於古代巴比倫、埃及、希臘羅馬的先進數字系統，和今天所用數字系統完全相同。

正是藉由數位的語言，我們才能擁有像心靈、意識，或者時間、昨天、今天等等的東西。為什麼會這樣呢？

語言是數位的，因此並不完整

到此刻為止，我之所以講語言是偉大的發明，道理就在這裡。不過呢，事實上語言是相當「欠缺的」，不完整的。以下我就來談談為什麼語言是不完整的。

就像剛才的「1」和「2」之間缺少了什麼，我們所使用的語言也缺少了什麼，因為其中有很多都被捨棄了。

想一想自己的心情感受吧。如果蠻橫不合理的事情發生在你身上，這時，究竟感覺怎麼樣呢？是不是「我很難過」呀？或者「很不甘心」呢？或是「憤憤不平」、

「很生氣」？還是「不值得一提」呢？只要你選定了任何一種說法，大概就會認定是那麼一回事了。

然而，你的感受真的就只是那麼一回事嗎？難道你沒有既感覺很難過，又很不甘心，而且還覺得有點可笑等各種不同種情緒摻雜在一起嗎？應該有吧。沒有一種心情感受可以很乾脆地用「我很難過喔！」這麼簡單一句話就清楚表達，對吧。

不過，如果我們要向別人表達自己的感受，我們就必須用言語來傳達，沒錯吧。可是用語言傳達情緒感受的時候，我們不得不馬上說出什麼話來，否則就沒辦法和人溝通。所以「我很難過！」這樣的一句話就脫口而出。這個時候，什麼「很不甘心哪」、「有點可笑啊」之類的感受，就這樣全部被捨棄了。而語言這種東西，只能表達出這世界上所存在事物的幾萬分之一而已，不對，應該說，語言僅僅能表達出其中的幾百萬分之一吧。在我們以語言去表述的那個階段，很多東西就已經悉數被捨棄了。

不單單是心情感受的問題而已，而是所有的語言都是如此。

「那裡有一隻狗哦！」這句話可以理解吧。於是，你明白了，「是喔？有一隻狗。」不過，你並不知道那是哪個品種的狗，對吧。那隻狗到底是阿富汗獵犬？鬥牛犬？吉娃娃？還是日本狆犬呢？完全不曉得。而且，不知道的還不只是狗的品種而已，你也不知道那隻狗可不可愛，牠是胖胖的，還是瘦瘦的？是很大隻的狗，還是小小一隻？牠的毛長得怎麼樣啊？毛色如何啊？狗的叫聲又如何等等，諸如此類的其他訊息通通被捨棄，全部歸結到「狗」這個字來，就只有「ㄍㄡˇ」這一個聲音而已哦。不過，光這樣你也能明白。當你談的只是「不必一一描述這些細節，反正狗就在那裡啊，這樣就可以了吧」的話題時，的確是這樣沒錯。

簡單一句來表達就可以了。可以是可以，不過，你所看見的狗，難道是光憑「狗」這個字就可以表示的嗎？不是嘛！對狗而言，狗也可能有各種狀況吧。也許牠肚子餓了，可能牠想睡了。正因為連狗都有各種各樣的狗，而且看見狗的那個人本身肯定也有自己主觀的想法吧。有想飼養這隻狗的念頭，或者，很討厭這隻狗等等的想法，種種訊息全都被摒棄在那個單字以外了。如果是用漢字表示，只需要一個字「狗」來表達就完結了。很多其他的表達方式都被捨棄掉了。所有的語言都在捨棄很多其他之後才成立的。正因為把語言簡化、變得單純了，於是我們能夠做到整理整頓。這也是為什麼語言可以發展成概念的原因。語言是透過把這個世界切割成碎片、切除掉很多部分，同時簡化之後而完成的。

佛教中有「禪」這個教義。在日本，禪大致上可分成曹洞宗、臨濟宗、黃檗宗等三大宗派。禪有「不立文字」的說法，還有「以心傳心」這句話，意思是，文字不能表示任何事物，語言無法傳達任何事物。

實際上，我們說最初從釋迦牟尼佛學到禪之核心本質的第一位弟子，是完全不用語言的方式來接受禪的教義。釋迦牟尼佛只不過是拈花一下，弟子也只不過是見狀微微一笑。這樣的拈花微笑，以心傳心，便傳授了佛的所有意涵，也就是被認證已習得了所有流派的內涵。你會認為，不對，不對，絕不可能有這種事的。我也這麼認為。理由是，有一大堆書籍都寫著跟禪有關的內容，可不是嗎？他們之所以寫下來，可能是因為寫書的每個人都認為，若不把禪說出來、用文章寫下來，就無法傳達禪宗吧。而終究他們還是嘗試著藉由語言文字，想把「語言文字無法傳達」這個觀念傳達給人們知道。而那麼做，可是很勉強的做法。

禪只能憑一心一意專注的修行來達成。

不過，這也不是什麼特別奇怪的想法。這是一種想法，啊，不對，應該說，這的的確確就是真理啊！

月亮。在座各位，應該沒有人沒看過月亮吧。或許，有視力障礙的人無法看見月亮，也或許今天因為颱風的關係而看不到月亮。然而，畢竟有月亮這種東西。有吧。

月亮雖然是繞著地球周圍旋轉的星體，但那個，是月亮嗎？因為地球的影子反射在月亮上，所以從地球上看起來她是有圓缺變化的，而這個會有滿圓、殘缺變化的東西，就是月亮嗎？

當然是月亮啊，大家都這麼說，對吧。可是，早在人類誕生很久很久以前，月亮就已經繞著地球旋轉了。換句話說，什麼月亮啊，什麼某某物象啊，那些名稱，都是後來人類任意給它們取的名字。「月亮」這個詞，跟天體的「月亮」星球之間沒有任何關係。

證據就在於，當我們說「月亮破裂了！」月亮實際上並沒有破裂。把寫著「月」這個字的紙張撕破，月亮也不會裂成兩半。語言，和實際上存在著的那些事物之間沒有絲毫關聯。語言只是作為語言而存在，如此而已。

最近我們經常聽到「言靈」[6]這個過時的古老詞彙。因為那只對人類有效。但世界絕非佛教所謂的「金輪際」[7]——也就是說，世界絕不可能按照語言怎麼說，就變成那個模樣的。就算你信誓旦旦地說：「明天天氣放晴。」但到時候會不會放晴呢？其實根本不曉得。天氣是隨它高興放晴的，跟你預告不預告都無關。

經常有人說，「我是晴天男，所以只要我去的地方，大概都會是晴天。」說出

6古代日本的信仰，萬物皆有靈的想法，認為在語言中蘊藏了神靈。指的是語言本身具有某種威力、靈力。本書最後的問答篇會再談論這一部分。

7佛教用語，指的是世界的盡頭。衍伸為「絕不可能」的意思。因此在中文翻譯時，保留本書作者演講時所選擇的措辭。

這種高傲自負的話，實在很愚蠢啊。氣候根本不甩你人間風情冷暖悲喜的動向如何。說什麼自己能自由自在操控天氣，小子好大的口氣啊，你是「天氣之子」嗎？（笑）根本沒這回事。大概只有《X戰警》裡的暴風女，才有能力呼喚颱風吧！絕不會因為一說什麼話，事情就如所說的那樣一定應驗。

但是，語言對人有效。人的心靈會受語言左右。只不過，要是語言不通，那就沒什麼影響了。再說，還有附帶的條件，就是說話的一方能夠確實用對語詞，那麼語言就會起作用。當然，接收話語的這一方，要是沒有好好地聽進去，可能就變成對牛彈琴了。

雖然到處都有「創造健康強壯的國家！」、「讓我們度過充滿活力的樂園生活！」等各種宣傳標語，但絕不可能把這些煽動人心的文案標語寫在海報上，大家就真的變得又健康又強壯，也不可能靠一直不停地信心喊話，景氣就真的好轉。學校變樂園，也是不可能兌現的事啊！

那樣的口號標語和宣傳本身，並不會發揮效用，而是當那些話在很多人心裡起了作用，然後那些人又影響其他人，因此效用慢慢擴散開來，才會有一些改變。是這樣子的。

所以，像是把「要是變這樣，該有多好啊！」之類的期望，或「吾輩當如是！」的理想照本宣科寫進口號，這類做法可以說並不太有意義。必須選擇對不特定的大多數人有效，而且每個人都會感興趣的語詞才行。從這層涵義來說，當前從事行政工作的那些大人，他們的品味實在是太糟糕了，簡直破壞性十足。（笑）更確切地說，是因為他們措辭不當，太不接地氣了，而讓人常常傷腦筋吧。欸，就是這樣。

無論如何，用語言是無法改變世界的。

語言充其量只是聲音和符號的組成。而且，語言還是不完整、有欠缺的。世界沒有理由被這樣的事物改變的！

儘管語言很方便，也是很了不起的發明，而且更讓我們從動物變成了人類，可是，語言對世界沒有任何影響力。語言只對能接受那些語言的人產生影響。

人會擅自填補語言的不足

人受語言的影響。

這是為什麼呢？

正如我從剛才到現在所講的，語言的性質在於，必先將一事物中的很多訊息捨棄了，然後所呈現的，只是事物極小部分，如冰山一角那一丁點而已。

然而，聽到那些語言的人類，卻會擅自把語言中被捨棄的部分、不足的部分自動補上，實在是很厲害！

我們舉剛才的比喻來說，某個人講了「有一隻狗哦！」實際上，在那裡的明明是一隻瘦巴巴又迷你的吉娃娃，可是，聽到這句話的人，卻會驚訝地說出「噢！是那麼大的一隻狗啊！」這種反應來，這個人大概是非常喜歡《龍龍與忠狗》（原名《法蘭德斯之犬》）這部卡通影片吧！「才不是耶！我又沒有說牠很大隻，因為牠就這——麼小一隻！」「咦？竟然會有那麼小的聖伯納犬！」（笑）聖伯納犬基本上是很魁梧的，才沒有什麼嬌小的聖伯納犬。不過，顯而易見的是，他喜愛那部卡通片裡的忠狗帕特拉修。

雖然你們都在笑，不過，人與人的交流溝通，幾乎都是這麼一回事啊。如果你們以為彼此對話了，就能夠互相理解，明白對方的想法，那可是大錯特錯了！在現在的比喻當中，假設喜歡帕特拉修這隻忠狗的那個人，沒有說出他以為那隻狗是聖伯納犬的想法，然後就這樣錯解了對方的意思，結果會如何呢？說話的人可能認為對方聽懂了吧，因為聽他說話的人也認同他說的話啊！他們的對話是成立的。儘管吉娃娃變成了小隻的聖伯納犬。結果就是，「掌上帕特拉修」的都市傳奇，出乎意料地就這麼誕生了——這就是為什麼像這類陰錯陽差的產物，在現實中會頻繁發生的原因了。

溝通這檔事，不是單靠語言就能溝通交流的。一般而言，發言的一方以為他把話說完，沒事了，對方就一定聽得懂。但就是沒有完全聽懂！因為不夠啊！所以，聽他說話的人，就會擅自把欠缺的部分給補上了。但實在是因為言語裡面欠缺遺漏很多東西嘛，所以才不得不把空隙填滿，否則就沒辦法理解！是接收到那些話的人自己補充了空缺的部分！我們自己連平常很無聊瑣碎的生活對話中，都會隨自己高興，擅自填補空白來理解別人的話！

現在，有人很認真拚命地記筆記呢。正如我一開始就講過的，我的話對你們沒有什麼用處，所以，看到有人在記筆記，我就覺得實在很過意不去。

各位在記筆記的時候，都記下哪些部分？你們會想把自己覺得很重要的話記下來，對吧。那些寫在黑板的字，或寫在白板上的板書內容，你們會拚命抄下，在學校的時候也抄筆記吧。或者，因為那是老師正在講的內容，是課堂提到的，而認為，這裡搞不好就是重點，於是你們就用筆記抄下來了。

教科書裡各種內容寫了一大堆。可是，既然教科書是用文字書寫成冊的內容，那麼，就註定有很大一部分已經缺漏了。就算死背、硬記，也還是會有漏網之魚。把參考書內容都背下來，還是不夠，少了什麼！甚至連摘要筆記，雖然是已經把重點稍微整理過的要點了，但這些摘要又是經過篩選、捨棄一些後留下的內容。但如果摘要筆記裡記下來的是全部的講義內容，把這個筆記拿來看就好了。就算沒有為你特別解說，直接拿到那份摘要筆記最快、最省事了。但是，光這樣是不夠的。因為，寫在重點摘要的事情，為什麼值得被當成重點，至少要說明一下，如果連這點都沒有解釋，那麼就沒意義了。

課堂上授課或發表研究時，往往看到有些講師或發表報告的人只是拿著摘要朗讀，從頭到尾唸完而已。這樣做是最糟糕的。如果他只會讀稿，沒有稿就沒戲唱，那麼，把講義發給大家就下課，還更有效率呢！與其這麼做，那還不如簡單發個電子郵件就完事啦。

我沒有準備演講稿或小抄之類的，卻口沫橫飛一直講個不停，原因就在這裡。現在，正在寫筆記的同學，待會兒請你們大家把筆記對照一下。我想，跟你一樣都會在同一個地方把筆記寫下來的，恐怕連一個人也沒有吧。

那是因為，在座各位寫在筆記上的內容，都是自己認為很重要的部分，而不是因為那裡是重點。事實上，我們只是把自己喜歡的那一部分筆記下來而已。因此，沒有被你筆記的部分，就全部忘光了。而且，因為你已經寫好筆記了，沒問題啦，於是很放心，記下來的東西在記下來以後就忘記啦。然後，還把筆記本搞丟了。

到頭來，就這樣，什麼也沒記住。（笑）

這種時候，無所事事，像放空一樣只是一直聽講，反而到後來會更有效哦！那是因為，你什麼也不想，像發呆一樣就只是一直聽，反而不會忘記。由於你從一開始就沒打算要記住它，所以，也就不會忘記了。你可別認為：「才不會呢，應該也不記得了吧。」那只不過是你沒有意識到自己已經記住了。換句話說，只是沒有把記住的內容明文寫下來罷了！但大致上就是記住了！到後來，呃……那個，這個，我好像在哪裡聽過？好像誰講過這麼一件事情耶……差不多這個程度就夠了。儘管如此，但正如我一開頭就講的，你們是可以好好利用這些話的。

人只聽進去自己想聽到的話，而且，對於聽了也不懂的內容，就會自動自發地補足自己所不明瞭的那一部分。說話的一方只能夠表達極不完整的東西；而接受話語的一方，如果不先過度膨脹話語的意思後再接收，那麼他是不會覺得自己已經理解了。

語言就是這樣的東西。

你們都還很年輕，所以，我想你們看到不動產買賣契約書、保險合約這類文書的機會可能不是很多吧。但這類東西寫得可囉哩八唆，沒完沒了！說不定你們曾瞄過一眼這類的文件。文件上面的內容實在是相當縝密細膩，不厭其煩地把每一個細節都寫得很詳盡，周延詳實到忍不住想衝著他說：「老兄，你就不能講簡單一點嗎？」內容太過於鉅細靡遺，以至於像霧裡看花，簡直不知道內容要說什麼了。

為了避免人們曲解詞意，才不得不把內容寫得這麼詳盡確實。正因為，如果寫得太過簡單、模稜兩可的話，看到這些內容的人會擅自去設想詞意曖昧含糊不清的部分。正是為了避免這種情況發生，所以特地採取「不簡單」的方式來書寫。以盡可能把詮釋範圍限縮到越狹窄越好的方式來寫，如果可以的話，盡可能地把它歸到單獨一個種類當中。為此而不厭其煩，以鉅細靡遺的方式把內容寫到最明確清晰。

我們假設「走到這裡」的規則是以書面方式指示的。哎，這是規定嘛，所以我們當然會照著走。只不過，即使說走路，但連步行的速度、步伐的寬度，和走路的方式，每個人都不一樣。就算把跑步的人和爬行的人摒除在我們討論的範圍外，但從哪裡到哪裡才符合規則，這些就不得不靠自己一一去判斷了。可是，例外會頻繁發生，標準也會因人而異。有時，還可能導致缺乏公平性。還有一些則是不應該的情況。並非每個人都能遵守規定。因此，要寫得很嚴謹周密。所以，首先要以明文確實規範「這裡」的定義，然後，規定一步的長度是幾公分，每隔幾秒鐘是一步。儘管都定得一清二楚了，卻還是沒有用啊！一定會有鑽法條漏洞的傢伙，在不超出標準的範圍內，時不時就故意跳一下。（笑）

因此，「首先，從零點五秒到零點八秒這中間，將左腳的大腿盡可能地以十度至二十度的角度拉到身體的前方，同時，將左腳的膝蓋在二十度到二十二度的範圍內，彎向關節彎曲的方向，抬起腳底，直到讓腳後跟與地面之間大約維持八公分的距離。在此同時，將重心移到左腳，在完成移動前，抬起右腳的腳後跟。」之所以要把規則寫得很詳盡，原因就在這裡。當然，儘管寫得清清楚楚，但也不可能做到一模一樣。不然的話，還不如讓教練給你看範本，「就像這樣——子！」照著做，不是更好嗎？

語言就是數位的東西。

如果有意接近類比的狀態，那麼只有一個辦法，就是一再分割、細分化。我們只能將粒子分割得很細，才能提高解析度，對吧。一般的文書，並不會寫得那麼仔細，但合約條款不容許任何閃失錯誤，所以，才會寫得很詳盡周延。比起4K，8K[8]的解析度更佳。不過，反正都是數位的畫面，點與點之間無論如何會有空隙就是。

法律也是如此！如果你看六法全書，就會明白，看起來同樣的一件事情，卻把它拆得亂七八糟，不厭其煩地寫得很瑣碎。要準備司法考試，就必須把六法全書的所有內容記得滾瓜爛熟才行。司法考試很難考上，原因就在這裡。不過，雖然如

8 4K和8K指的是超高解析度的影像格式，到目前為止，8K是最高的超高畫質顯示。

此，就算把六法全書背得滾瓜爛熟，考試也及格了，但對於法律的解釋還是會因人而異。連寫得詳細周延的法律措辭，光在解釋方面都會產生寬鬆的解釋空間了，其他不那麼嚴謹講究的事情，就更不用說了。刑法也好，民法也罷，甚至連憲法也一樣，法律的意涵有時會因為不同的法律解釋而有一百八十度的大逆轉。

當然，寫的人想必已多方考慮過，萬一容許過於寬鬆的解釋空間，會很麻煩的。為了避免產生這類困擾，於是將內容盡量寫得精確而嚴謹。寫的人很小心翼翼地斟酌，竭盡所能不要造成多餘的解釋空間，而讓每個單詞和語句都盡量只表示一個清晰的涵義。儘管如此，可是，一切還是取決於讀取內容的那一方如何解讀，因此解讀出與原意南轅北轍的結果也是司空見慣的事。

至於小說，則恰恰相反。與其講求文意精準，小說毋寧是必須將計就計，反而要善用解讀的多樣性才好！我呢，畢竟還是個小說家，對吧，雖然常常會忘記……

小說中沒有寫出來的部分，比寫出來的部分還更重要。

各位，我想你們當中有的人會看小說，不看小說的人也有。不讀則已，讀了以後，感覺這本小說還滿有趣的，這種經驗你們應該也曾經有過吧。感覺超有趣的，或者讀起來懸疑、刺激，你們讀小說時，會激發出種種感觸或情緒來。不過呢，那種感覺和情緒，可不是小說本身帶給你們的，而是閱讀那本小說的各位自己創造出來的。

因此，如果從一開始你們就認定那本小說的內容大概無聊死了，那麼，你們讀了以後，多半就感覺確實無聊透頂了。相反地，你們也不應該深信這本書肯定很有看頭、絕對錯不了的。理由是，你們對內容的期望過高，反而會讓你們希望落空，摔得更慘！話是這麼說，但抱著「這本書會讓我覺得有趣」的想法也不行哦！閱讀不是被動接受一切，而是讀者本人自動自發的行為。所以，「我就是要自得其樂，讀得津津有味」才是正確的態度吧。

從文章的節奏、版面的編排，或是單詞……什麼都好，反正只要是書裡能吸引你的任何東西，只要你抱持著駕馭的感覺去閱讀，那麼故事就會在這個人身上慢慢交織展開了。換句話說，小說就是通過字裡行間的閱讀或領略言外之意、弦外之音來享受樂趣的。

但是，如果指的是關於小說以外的文書類——從商業文書到一般教科書，要是容許閱讀小說那種無奇不有的解讀方式，可就不太受歡迎了。

話是這麼說，可是我們畢竟還是在用自己的方式任意解讀！

歷史學家鑽研古代所寫的公文書或者私人文件，對於什麼才是真正的史實，這件事一直都讓他們絞盡腦汁。我身邊有一些專門研究歷史學科的專家朋友，所以我很清楚他們從事研究時的難題。歷史學家與傳世的史料面對面，的確上窮碧落下黃泉，潛心考據查證和研究，如此耗費心力在所不惜，就是試圖從書寫記載下來的文獻中判讀解析出「事實」與「真相」。

但絕不可以像閱讀小說那樣的方式閱讀史料。要是因讀者不同而有所出入，那麼年表就製作不出來了。他們之所以要竭盡所能徹底進行原典批判與研究，理由就在此。成立的過程，如有不確定或疑點，則不採用。史料性過低的內容，僅止於參考之用。至於內容，即使史料價值很高，但歷史學家也極力保持客觀，盡量不落入偏頗的判斷和解讀。歷史學家為了解讀出資料所指向的真相和史料作者的真正意圖，因此才會日以繼夜地投入工作，反覆推敲史料。

儘管如此，但依然可以寫出截然不同的歷史來！

鎌倉幕府時代成立的年份變更[9]是最近幾年才發生的事。可是，由於鎌倉幕府的成立已是很久遠以前的事了，照理說，後人應該不會去更改已成的歷史。既成的事，是無法改變的。只不過是改變對史料的詮釋罷了。然而，也並非因為有什麼來源相當可靠的新史料驚天動地出土了而促使改變。

這是因為大家經過徹底詳細調查，反覆查閱、審視，合力達成而得出結論，認為歷來對於成立年代的定論恐怕搞錯了，於是推翻了早先的年份說法。

可見，即使經過無數的專家耗費幾十年光陰，傾全力鑽研，卻還是無法避免這種謬誤發生。什麼文章啦、什麼文字和語言呀，其實都並不怎麼可靠。

9 鎌倉幕府成立的年份，從原先的西元一一九二年改為一一八五年。以日本史紀年的年表，則是從原先考據的建久三年提前到元曆二年。

文字並不是你把它寫下來就沒你的事了。即便是公家嚴謹的公開紀錄，都可能像從不同角度去解讀而大幅度逆轉結果了，更何況是其他的文字內容。由此可見，愛怎麼解讀就怎麼解讀，實在是太輕而易舉了。

不用說，日常生活會話就更可想而知。

發言的一方儘管講再多，費盡口舌所傳遞出的訊息，實際上還是微乎其微，道理就在這裡。無論如何，我們要正確地傳達出訊息給別人是不可能的事。另一方面，接收訊息的這一方，不論接收到的語詞有多麼少，反而都有辦法從裡面汲取大量的意涵，而且，還是以隨他高興任意去猜測解讀。

我們就在這種不確實的溝通運作系統中，感覺自己好像在跟別人互動，以為彼此確實有交流感受和想法。錯了，我們有沒有溝通明白，事實上並不知道。

不過，「感覺到」彼此明白，是相當重要的事情，所以，如果溝通順利，明白彼此的意思，那就沒關係。

假設有一個人看到一隻很大的吉娃娃。他說：「哎呀！有一隻很大的狗！差不多這麼大隻。」聽到的人可不會認為那是一隻吉娃娃呢！因為，剛剛對方已說了嘛，是一隻大狗。聽到的人回答卻是：「咦？如果差不多是那樣大小的話，也不怎麼大隻嘛！」因為，即使是那樣的大小，對吉娃娃而言體型屬於大隻了，可是，就一般的狗而言，卻不算多麼高大的狗！於是他回答：「還不如說，是很可愛吧！」然而，親眼看到那隻狗的人卻覺得很噁心。如果吉娃娃真的體型龐大的話，或許一點都不可愛呢，於是，目擊者這樣回答：「才不哩！根本就不可愛啊！」

事實上，那個只聽說狗很大隻的人，一聽說是大隻的狗，他的腦海裡想不出別的，只想到「鬆獅犬」這種狗！而且，他還滿喜歡這種狗。（笑）所以，他是以鬆獅犬的體型標準去思考。以鬆獅犬的標準來看，一說「差不多這麼大隻」，他反而覺得體型偏小了呢。因此他才會覺得也許那隻狗還挺可愛的。所以他判斷，目擊者對於鬆獅犬並不感興趣。對於狗的品種和體型大小的感覺，儘管彼此沒有搞懂對方的意思，不過，如果那隻狗不在實際對話現場的話，對話就沒什麼問題吧。總而言之，那不過就是看見狗，這麼一點小事，一說完，話題就結束了。兩人無論是互通訊息或意見溝通上，雖然完全沒有共鳴，也不成問題。

彼此的友情也沒有造成裂痕。兩人雖然有互動對話，意思卻沒有溝通到，兩個人很可能都沒察覺到這一點吧。那是因為，日常生活的溝通對話，大概都是這種狀況。正因為，在這種程度下，對話也能成立，那就夠了，也無所謂。

為什麼網路社交媒體論戰烽火遍地？

近年來網路社交媒體大受歡迎，像LINE和推特等，只透過文章就能彼此對話溝通的網路社群平台很多。以前可沒有這種事喲！像我這種老人，我們年輕時根本還沒有這種玩意兒，連手機都還沒有出現。有的人家裡甚至連家用電話機都沒有裝設。過去，假如想要跟遠方的人聯絡通訊息，有時還會發電報，「父危篤速回」之類的內容。電報電信局的人一拿到電報內容，就趕快把電報派送出去。「今已啟程歸」之類的回覆。說不定電報員暗自在心裡想，不用報備了，你回來就好。（笑）

那個時代，甚至連要會合碰頭，萬一碰不到面，那就沒輒了。車站裡頂多就是放個留言板供旅客留言而已。現在可方便多了。因為大家隨時都會帶著智慧型手機，哪怕是功能最陽春的手機，也一定會帶在身上。所以，就算事先沒有約好會合的地點，也不會走散，終究會碰到面。這實在是太棒了。

從前，想跟遠方的人通訊聯絡的時候，人們就寫信。用鋼筆在便箋上寫文章，還是親筆手寫的！把信件裝入信封內，再貼上郵票，然後投遞到郵筒。郵局的人來郵筒收取信件，再將信件依照地區分門別類，然後運送到投遞目的地的郵局，再由當地負責投遞的郵差把信件挨家挨戶地送上門呢！因此，一打開自己家的信箱，「哇——是那個人寄來的信耶！」說完，當場拆開信封，把信紙取出來，然後讀信。這過程，從頭到尾需要勞師動眾到什麼程度啊！從提筆寫信到對方讀信，要經過好多天。至於像是離島或是寄到國外，那就得耗費幾個月了。

而現在，電子郵件寫一寫，只要把送信的按鍵按下去，輕輕鬆鬆，幾乎不費心力，馬上送到對方那裡。沒有任何時間差，就能把訊息送達全世界。這實在是相當便捷的事！而LINE又更方便了，已讀或未讀，一眼就能看穿。至於在推特上，如果有很多人關注你，那麼，你剛剛發出的東西，一下子就被很多人讀過了。

這的確很方便，不過，無論是親筆寫的信件也好，即時通等社交網路的服務也好，這些都屬於書面的文件，所以只能靠文字來表達，頂多再附上圖檔照片或影音視頻作為補充。而剛才我提過，語言文字是很不完整的東西。要準確表達你想傳達的事情，幾乎是不可能的。因為，接收訊息的那一方總會加油添醋賦予訊息過多的意涵。

從前，在以親筆手寫的信件互通訊息的時代，有「情書」這種東西。像我這樣與戀愛無緣的人除外，我的朋友每個人都拚命認真地寫情書。而那些信件似乎都是在晚上寫的。大概是因為相思苦而難以入眠，於是在深更半夜，把朝思暮想的情愫傾吐在紙上吧。可是，早上起來後，並不會立刻把信寄出去。下不了決心而猶豫不決，又不得不去上學，因此整天忍受了牽腸掛肚的折磨後，一回到家，把寫好的信反覆讀了又讀，之後卻覺得太難為情了，不可以寄出去。（笑）把信撕了，丟掉。然後重新再寫一封。一遍又一遍，一遍又一遍，重新寫了好幾遍。儘管如此，還是跨不出去，在最後關頭打住，擱下信件。直到某一天，哎呀！不管了，豁出去啦！不知哪根筋被什麼東西從背後一推，信就寄出去嘍。

不過，大多數的信件都是被直接忽視，有去無回。人家不理你。（笑）就算有回信來，也大概只是一行字，「抱歉」的內容，根本信息不通，不是什麼通信。（笑）除了彼此心意不通，很有可能早已存在其他的原因。只是，如果連那樣絞盡腦汁、用心字斟句酌才寫好的文章，都無法打動對方的心，不來電就是不來電，那只好看開了。

而現在，寫了，啪！當場就即時上傳了，想都不想一下。而且，還是很多人同時閱讀。因此才會有大量的解讀回應一下子全部出現啊！

照這情形，網路的唇槍舌戰，把話題燒得烽火遍地，就是不可能不發生的事了嘛。對吧。

你們會寫寫什麼，然後投到網路社群平台上吧。所以才會有人冒出「小弟我寫了還挺好玩的哏，各位大大，都會給我按個『讚』吧！」這類的想法。但事實並非你想的那樣。無論寫得多麼俏皮幽默，一百個人當中大約就有五十個人會認為：「寫這神馬東東呀？這傢伙是白痴逆？」只是多數的人不會做任何回應罷了。不過，在這些關注者當中，有的人自我表現欲、期待認可的欲望特別強烈。像這種人，即使文章本身不帶有絲毫惡意，但他們讀了會對內容產生過度反應，而像脊髓反射那般，寫出不經大腦思考的回應。然後，讀了這樣的回應留言，又有人對此內容過度反應，以老鼠會的公式那樣不斷擴大出去。這樣針鋒相對的論戰熱議，絕對會火上澆油，在網路上引發連鎖筆戰的風波！不延燒個烽火連天，那才奇怪咧！

引發筆戰，純粹就是因為能大做文章。既然完全靠文字表達，很迅速即時就散播出去，所以，那種既親切和善又充滿慈愛的溝通互動，實在是不可能！因為，連現在這樣實際面對面說話，都無法互相理解了，更何況是單靠文字表達。再說，寫的人和讀的人，他們大多數不太會花時間去斟酌文字內容的。

有一種「傳話遊戲」，由幾個人將同一句話傳達給下一個人，可是，遊戲到了中途，訊息不是走樣就是變質了。遊戲玩到最後，結果就是無法正確地傳遞訊息。這個遊戲經常會用於那種情況的比喻。但是，從剛才我們提的吉娃娃和鬆獅犬的例子，已經明白，即使在一對一的直接對話中，都會發生這種無法正確傳遞訊息的狀況。網路社群平台的情形，則是一人對不特定的多數人，而且還是即時無時差的狀況下。再加上發言是無法刪除的，於是像那樣的回應留言就會半永久狀態地持續下去了。接收到那些內容的人，並不會像歷史學者以嚴謹態度詳細調查留言真正的意思。留言者只是隨他高興的方式解讀，隨他高興回應罷了。沒完沒了地。

語言文字是無法確切理解的。

因此，首先，我們要明白這一點，然後善用語言文字吧。語言文字就是這樣。

其實大家都誤解了，以為我們自己的感受和想法一定能傳遞出去。可是，我們甚至無法用語言文字表達自己內心的想法感受。我最初就說，感受相當複雜，不可能靠三言兩語表達清楚。然而，一旦我們只用一句「很難過」來總結心情，既然如此，那麼好吧，只好將就了，或許很難過，除了這個說法也別無選擇。至於是否真的很難過，恐怕是連自己都不太能摸清楚真正的感受吧。

首先，如果不先切割訊息、捨棄對自己沒必要的部分，然後把訊息簡化得更單純的話，則無法把感受代換成語言。再加上，就算把種種情緒都統一集中在「很難過」這個感受上，但問題就出在這個「很難過」的心情裡面，還有各種樣貌的「很難過」的心理狀態。因此，接收到訊息的那一方，才會從無限的選項中挑選自己喜歡的來理解「很難過」的心情。

就是這麼一回事。

從前，有一位總理大臣曾說：「談一談就會明白。」[10]很遺憾的是，他最後被暗殺身亡。談了也是白搭，聽不懂還是聽不懂。不過，相反地，有時連談都不必談，懂了就是懂了。如果彼此已建立起那種心領神會的關係，那麼是不需要任何言語的。有人只憑眼神交會就能心照不宣了呢！對彼此來說，那不成問題。就如剛才提的，釋迦牟尼佛和弟子之間的默契，他們的溝通交流應該達到百分之百了吧。

只是，難免有些冒冒失失的粗心鬼，所以還是有可能會錯意，你們務必要非常小心謹慎才好！（笑）因為，人與人交流，單靠眼光接觸，彼此是沒辦法進行確認的。明明使的眼色暗示了「不妙！」有時卻偏偏被誤以為是「好喔！」的意思，所以我認為，要是碰到對方是靠不住的人，至少用言語補充會比較放心一些。

語言可不可靠，會隨著語言所處的情境狀態，以及語言使用環境的不同而影響，受到極大的改變。也就是說，當我們與別人進行語言溝通互動時，必須隨時留意，掌握ＴＰＯ這三個要素[11]。

---

10 指日本首相犬養毅，擔任日本首相僅一個月，一九三二年發表演講，當時侵略主義高漲，他逆風堅決反對日本於一年前所發動的九一八事件侵略中國、朝鮮等國的侵略戰爭。演講兩週後遭海軍官員刺殺，為「五一五事件」。據目擊僕人稱他身亡前留下這句遺言。

11 TPO 指的是時間（Time）、地點（Place）、場合（Occasion）。

日文的優點

到目前為止，我所談的內容，並沒有對語言和文字加以區別。語言文字，是聲音的組合與符號的組合所構成。那麼，接下來我們來談符號，換句話說，就是視覺語言——更確切地講，就是文字——以下就來談文字。

雖然我一再重複講，但的確語言文字就是缺少了什麼東西，又因它本身有所欠缺，以至於招來了過剩和多餘的東西。而助長這種過剩多餘的，恰恰是文字本身。

在網路社群平台的互動，基本上是文書類的內容，儘管也有上傳影像、聲音檔來互動的內容。電子郵件的情形也是一樣，對吧。文書是由文字堆砌排列組合所構成。照理說，現在平常接觸這類東西的年輕人——各位——比起我這樣老先生年輕的時候，你們接觸文字的機會應該更多才對。

「現在的年輕人，實在沒有年輕人的樣！」之類的話，你們經常聽到吧。欸！我們這一輩的人，以前也是被大人這樣叨叨地唸，年輕的時候。或許我父母親那一輩，應該也是過來人。如果一直往上推，回溯到古代埃及，建造金字塔的時代，那時建造工人記錄下來的東西，搞不好記載了「現在的年輕人，實在沒有年輕人的樣！」或者沒寫下也說不定。從那個時期到現在，幾千年來，年輕世代都是在這種碎碎唸當中長大的。當那些被嘮嘮叨叨「實在沒有年輕人的樣！」的年輕世代不再年輕了，他們就開始對下一代說「實在沒有年輕人的樣！」了。那當然啦，我們就是被你們這些年輕時「實在沒有年輕人的樣！」的老頭子教出來的嘛！「實在沒有年輕人的樣！」不就是理所當然的結果嗎？雖然自己覺得確實是這樣，而理直氣壯，但是對下一代的小子講同樣的話，對他們嘮叨，簡直一副自己是被大人嘮叨的過來人，若不趁機唸他們，好像就吃虧了一樣！所以歷史才會一再重複。而這句倚老賣老的話，已經演變成一種儀式了。

然而，實際情況並不是這麼回事呢！從我的角度看，現在的年輕人都相當優秀啊！我真的這麼認為，對人很有禮貌，腦筋又聰明。反而我們這一輩的人，比較笨拙。就算退一百步，自欺欺人好了，（笑）但問題是我們在很多方面真的都不行啊。

稍微年長點的上一個世代，癡心夢想有朝一日能再看到泡沫經濟的榮景，他們處於無法擺脫這種美夢執迷的狀態；至於更往上一個世代的那一輩老人，雖然他們也有智慧和人情世故方面的見識，可惜的是，若問他們是否順應世道潮流，與時俱進？那可就很難說了。欸，這可不是在說壞話。

斷然以世代切割出不同的族群，然後批評，實在是沒什麼意義。這就如同拿男女在社會上的性別差異、生理的性別、國籍、家世背景、學歷之類當作評斷標準，去決定一個人的價值，這些做法都愚不可及。如果要評判一個人，畢竟還是必須從個人出發去評價判斷那個人才對吧。

不過，有一點或許我們可以說，那就是依世代不同，在不同的無用程度上，可以看出各個世代所分別具有的某些傾向。而且，無論哪一個世代，無用的人都有一定的數量。再說，在位居要職或居於領導地位的人當中，那種傾向也司空見慣，也因此，在這種情況下，才會發生各種令人擔憂的事情啊。

我希望你們這個世代的人能盡快成為推動這個社會前進的主動力。我實在迫不及待，想看看究竟會有什麼樣的變化。

這個願望嘛，到時候就看各位的造化了。就如同剛才講的，比起我這一輩，你們接觸文字的機會很頻繁。在我們這樣進行講座的過程中，你們的手機、平板、電腦，應該正收到很多文章吧。

無論是用電子郵件，或者發LINE，或者推特的發文，文字都能立刻寫下來，對吧。這令人驚嘆，真是沒話說。

在我們那個年代，不認識的漢字，如果不去查字典，就不知道它的讀音，也沒辦法寫出完整的字來。現在無論是什麼東西，都有機器幫你隨時轉換。就算你們不會唸那個字，照樣寫得出來。（笑）即使不明白那個字的意思，只要搜尋就大概了解了。

這一點，從某種意義上來看，可是革命性的大突破喔！到現在為止，依舊欣賞親筆字，像對待信仰般迷戀、珍惜看重手寫的人，儘管還是大有人在，不過，各有千秋吧。是親筆手寫，還是用打字輸入，兩者思考的過程截然不同。

其實，梅棹忠夫[12]先生早在很多年前就提出這一點差異了。親筆手寫，基本上就是輸出，是列印。所以，萬一有任何閃失，搞砸了，就只好再次輸出。換句話說，就思考而言，親筆手寫是終極的、最終型態。而且，在遠古時代，是用毛筆蘸墨，寫在紙上，所以，就算有橡皮擦也用不上。出現誤字和脫字的情形，都無法修正。不認得的字，就寫不出來。也無法倒退回去。再加上要是字寫得很難看，會連提筆寫字的興致都沒了。

沒辦法一邊思考一邊寫字，只能全盤思考之後才下筆，著手寫字。

也因此，不可能正經八百地「思考」。正因為靠小腦袋瓜，要把思緒整理整頓得有條有理，是相當不容易的事啊。以數學計算來說，思考是心算。

即使挑選了一個詞，但究竟是不是最恰當的措辭，不到把它生產輸出為止，無法確認呢！更何況，從前的「口語用語」和「書面用語」兩者截然不同。大幅度縮小口語文體和文言文體的差異，則是從明治時代倡議「言文一致」[13]運動以後才開始的。而且，這種主張並非立竿見影，語文在使用上也沒有立即獲得社會廣大認可而落實。當時，甚至連善於書寫的人，也並非能像說話口吻那樣流暢地一氣呵成寫文章。

因此才會需要先打草稿、謄稿、塗改修正後，抄寫下來。大體上，正因為文字的輸出必須經過一連串繁瑣費事的程序，所以，相較於把心中的構想化為文字表達的醞釀過程，以及字斟句酌推敲用詞的過程，寫文字的那一刻，如何把字寫得端端正正的，反而是更需要全心投入、全神貫注去完成的事呢！

怪不得有人會思考，要是有像英文打字機那樣的機器就好辦了。至少，字寫得漂亮或潦草都無所謂了。可是，畢竟日文包含了大量的文字種類，所以，一時還做不出英文打字機那樣的工具來。這也難怪以前某個時期的人，會那麼嚴肅認真思考

12 梅棹忠夫（一九二〇－二〇一〇），日本文化人類學及數理生態學先驅。在一九六九年的經典著作《智力生產的技術》，探討手寫與打字的差異。代表作為《文明的生態史觀》等書。

13 此運動可溯及一八六六年，受西洋學術文化影響的學者當中，前島密撰寫《漢字御廢止之儀》，主張全面廢止漢字書寫，旨在否定形象化的語言（文，即漢字），為日語進行聲音文字化的改革鋪路。一八八五年福澤諭吉提出「脫亞論」，翌年，日本國文學者物集高見提出「言文一致」。誠如柄谷行人在《日本現代文學的起源》書中闡述「言文一致既不是言從於文，也不是文從於言，而是新的言＝文之創造」，並指出，漢字文化圈的日本之民族主義萌芽，「主要表現在把表音性文字置於優越位置的運動中」。

日文的書寫形式，主張乾脆把漢字都取消了，全部用片假名來寫日文，認為這樣國民也許會變得更聰明一些。

不久之後，日文的文書處理器終於發明出來了。可是在剛推出文書處理器當時，社會上對這項新產品抗拒的心態也到相當強烈。人們不是把文書處理器當玩具看待，就是認為文書處理器打出來的辭藻裡沒有真心誠意。（笑）這現象，也不過就三十多年前的事呢！

從那時起直到現在，中間發生的變化，實在是翻天覆地，令人歎為觀止啊！而目前的思考模式，可以說是將思考過程的一部分放到頭腦外部了。不僅僅是資料累積貯存在外接式硬碟，或存放在雲端上，而且還運用外部的操作系統，並列處理思考。所以，精確的程度和效率也就有極顯著的進步。一邊書寫一邊思考也因而成為可能了。

一旦說出這種話，就有某個世代的人會冒出「腦袋瓜不會變遲鈍嗎？」這類的話呢！理由是：「那不就等於不自己思考了嗎？」這真是天大的誤會！在進行思考的，依然是那個在書寫的人，只不過是有了那些輔助，「以往自己單獨一個人無法思考的範圍，從此就能一個人單獨思考了。」因為，並非由人工智能機器在書寫內容。我們應該把這個進展想成是更複雜、更高度的思考已經落實，成為可行的成果。所以說，各位成長在非常美好的時代啊！

我之所以對你們寄予厚望，而且說現在的年輕一輩很優秀，有很大的程度是著眼於這一點！各位，你們沒有一天不閱讀文字吧。無論到哪裡都在寫著東西吧。你們絕對都在看一些文字的內容。正因為如此，你們應該會覺得文字是相當親切、貼近生活吧。

可是，我們卻說，現在的年輕人都不看書喔！當然啦，這是書賣不出去的原因。書本來就不怎麼好賣的嘛！你們即使沒在看書，但也在讀著文字，因此，照理說，看書這種小事，對你們是輕而易舉才對吧。可是依然不看書，那就是因為書本身太無聊了吧。那是我們的錯。哎，算了，一提到出版界有多糟糕，會沒完沒了的，花

幾小時講都講不完，也罷，就此打住。（笑）

至於我們使用日文這種語言文字，實際上是很有彈性、具有高柔軟度而優秀的語言文字。啊，這可不是什麼「日本很了不起」的論調，請你們千萬別搞錯了！我這句話的意思，只不過是說日文有它出色的特性而已，並不是指日本很「了不起」或「很偉大」之類的意思。而且，也不表示其他的語言就比日文差。

現在我說的「日本語はフレキシブル」（意思是：「日文是很有彈性的」）這句日語當中，「日本語」三個字是以漢字寫成的。其中，「日本」這個詞，是用漢字來表達的專有名詞。而「語」這個單詞，是從中文的詞彙來的。所以，「日本語」這個詞，就是以中文的形式寫成的哦。「は」（在此讀音為 wa）是日文字，用平假名寫的。而「フレキシブル」（意思是：「有彈性的」），並不是日文字，而是外國的語言文字。依照慣例，外來語在日文中主要是寫成片假名的形式。

在這麼短的句子裡，竟然就放進了這麼多種語言文字在裡頭。日文就是這樣什麼都有，是很隨意的語言文字。這不是很厲害嗎？（笑）

中文的情況，雖然也像日文一樣，可以對應其他語言文字，但由於中文字只有漢字一種書寫形式，所以在對應其他語言文字時，多少會比較費事一些。而且，在中文裡，雖然有表音文字的漢字，但文字與文字之間不容易分辨出差異。而英語系的人，要寫他們的語言文字，則只有用羅馬字之類的拉丁字母來寫。這類語言文字，又更難對應其他種類的語言文字了。因為英文的字母總共只有二十六個字母，不論是什麼字詞，都只能靠這二十六個字母排列組合寫下來。

換作是日文的話，用羅馬字來寫「フレキシブル」表示 flexible（即：「有彈性的、具柔軟性」），也是很稀鬆平常，不覺得突兀。這個字用日文來寫，不僅能把外來語的英文 flexible 翻譯出來，而且能同時寫成柔軟性（フレキシブル），兼顧到音譯和意譯，在表達意涵的「柔軟性」這個漢字詞彙旁邊注音，加上片假名「フレキシブル」（furekishiburu）的讀音。

各位在寫電子郵件或簡訊之類的時候，漢字、平假名、片假名和羅馬字母全都會用到吧。不只這些，從表情包、顏文字，到貼圖、符號等等，通通都可以用上。

讓人忍不住要佩服起來。像日文這麼隨意好用的語言文字，別的地方都找不到喲！因為全世界的文字全部都混在日文裡面了。伊斯蘭文化的阿拉伯文字，有的是以反方向形式，從右向左書寫，因此，在阿拉伯文字裡面要混入別的東西，不是那麼容易。不過，總會有辦法搞定。一般而言，很多種類的文字要放在日文裡面是沒問題的。而這樣的文件，我們只要瞄一眼，就明白大概寫了什麼。即使暫且不管詞彙的涵義，但光是那樣也通，夠讓我們明白上下文的意思了。

作為視覺語言，日文具有非常優異的特性。

日文書寫具有很強的多功能性、可應用於多樣化領域的這個特性，是在親筆手寫的時代結束後才被充分發揮到淋漓盡致的呢！再說，勉強用筆直寫英文字母，這讓人挺為難的；用手寫描畫表情包和符號，也有點軟趴趴的吧。（笑）

那麼，你們在讀這類形式寫成的文章時，腦子裡有沒有發出聲音來？即使你們沒有朗讀，沒有唸出聲，但我想，你們把那些內容代換成語音的可能性相當高。

視覺語言跟語音語言（聽覺語言），兩者其實是一體的，像硬幣的正反兩面呢。

羅馬字母的ABCD……每一個字母都是表音文字。漢字則全部都是表意文字，是吧。然而，日文卻不是這麼涇渭分明的，日文裡可以有表意文字、表音文字和其他語言的文字，甚至包括沒辦法發音的圖案，通通都能跟日文組合在一起。日文即使寫成這麼複雜的形式，但我們就是有辦法把它們轉換成聲音來閱讀，硬是讀出來了！因此，我感覺，生活在這個國家的我們，真的不能小看我們自己對語言的表達和理解等等的語感能力[14]，它大有可取之處啊！

說來，漢字本來就不是日本的文字，而平假名也好，片假名也好，最初也都是從漢字演變來的文字[15]。但若要說漢字和平假名、片假名三者都不同，確實沒錯。

在日本，以前只有語言，文字並不存在。

而現在，在日本的學校裡還有教古典漢文的課程吧。有人認為，既然不使用古

14 指語言活動中有關表達、理解、評估和品味語言所需的語感能力。
15 平假名（平仮名、ひらがな，讀音為hiragana）：日語的表音文字，從中文漢字的草書演變而來。片假名（片仮名、カタカナ，讀音為katakana）：日語的表音文字，從中文漢字的楷書取其片段簡化後，作為標音的文字。多用於外來語、外國專有名詞和擬聲詞。

典漢文，於是主張廢除古典漢文的課程，這種想法真不應該啊！學古典漢文不等於學中文。將中文字寫成的句子結構轉換成日文語法來書寫閱讀，這是在學習一種平常想像不到的高科技思維方式呢！像這麼異想天開的思考模式，說它不實用，實在是沒道理啊！

當我們不懂外國語文的時候，通常，我們會學習記住它的文法結構和單字的意思，然後翻譯成自己的國語。無論哪一個國家，都是如此。可是，在我們這個國家，從前的人卻將中國文字加上記號，然後把照搬過來的漢文句子，用日語的發音和文法順序來讀成日文了。另一方面，日文用借來的漢字創造出以自己本國語寫成的表音文字：平假名、片假名。於是，誕生了以「和語」[16]混合中文漢字而成異種混生的古代文言文體。恰好是這個文言文體影響了口語文體的表達形式，使日文的語文變得越來越豐富多樣呢！語言文字越豐饒，連帶促成思考變得更複雜而細膩，這些都和文化發展有密不可分的關係。這真是值得慶幸的事。

那麼，至於漢字，則是中國發明的表意文字。漢字起初是象形文字。「象形文字」，意思也就是圖畫。「馬」這個字，最初就是馬的圖畫哦。只要看到這個圖畫，差不多就曉得指的是馬匹了。不過，要是畫得不像馬，也是不容易馬上認出來。

可是，一旦牽涉到「馬」這個字的時候，情況又不完全是那麼回事了。看到「馬」這個字，會讓人想像什麼事物，取決於每個人生活居住的環境、文化環境，而有截然不同的反應吧。

我們假設，那邊寫著一個很大的「馬」字。有人會想到，「生馬肉，一定很好吃！」但如果是附近的老先生，說不定他一看到「馬」字，立刻會想起，「哼！害老子賽馬輸到脫褲子！」如果是稍微上流社會階層的名媛仕女，或許她想到的是，「唉唷！那個時候去騎馬，讓人家感覺有一點不舒服耶——」。也可能有人聯想到「馬鹿」[17]，或「馬力」也說不定。

16「大和言葉」，讀音為Yamato kotoba，指的是平假名及片假名等假名文字，又稱「和語」，跟表示漢字的「唐文字」稱呼相對。如本書中例句「日本語はフレキシブル」，前三個字為漢語，は是和語，フレキシブル是以片假名表示英文 flexible 的外來語。

17指「傻瓜」的意思。

光是馬，就有各種不同的馬。而一個「馬」字能產生各種聯想，所有跟馬相關的事物，憑一個漢字「馬」，就能讓人想像出來。老實說，我覺得這真是太了不起了！

這就是文章之所以會引起人過度聯想的原因了。

特別是日文，更容易出現這種狀況。因為，在日文裡頭能夠使用很多種語言文字，要是將那些字詞一個一個分別與其他相關事物進行超連結的話，就可能連結到完全不同的文章和影像去了。在解釋字義上，日文又格外多樣而複雜。正因為這個特性，所以日文在網路上引起話題，烈火般迅速蔓延論戰的可能性，比起英文書寫的文獻所引發的似乎高出很多。這一點有必要充分注意，多加小心。不要以為你寫的文章會如你所願被人通盤接受。根本沒這回事。

所有的閱讀都是誤讀

在小說家當中，偶爾就是會出現一兩個人，說著類似「我寫的小說如果被那樣解讀，我會很困擾」的話。這不應該啊。誠如剛才我講的，小說屬於讀者，不屬於寫作者。即使一個一個去告訴讀者：「我寫的東西應該這樣解讀！」結果如何，你也無可奈何。小說既不是堅持己見在做自我主張的行當，況且，傳達主張是絕對沒有可能的事。

以前國文課的考試出現過這樣的考題：「請試著設想作者的感受」。現在還有沒有這類測驗，我並不知道，但這個題目大概不會有正確答案吧。就算有，也差不多是「麻煩死了！」，或「真不想寫！」嗯，這個才是正確答案。（笑）「稿費也太低了吧！」這也是正確答案。（笑）真的喲！「最近都賣得不好，不多寫一點，就要苦哈哈了！」這也是正確答案。大致上，寫小說的就是這種狀況。不過，要是真的這麼回答，答案就是錯的嘍！與其這樣問，題目倒不如改成：試著揣摩小說中上場的人物角色的心境感受，這還差不多。至於作者的感受，除了作者本人，誰也不知道啊。

哎呀，所謂小說是一邊辛勤流汗筆耕，一邊寫成的血汗之作，才沒有這種事呢！呵，但是從其他的意義上來說，寫作確實也是血淚交織，嘔心瀝血。每一位小說家的確都絞盡腦汁拚命地寫，全神貫注而操勞過度，還依然投入心力創作。只是，絕對沒有「我就是為了寫這件作品而生！」之類的事！不是嗎？果真是這樣的話，那麼寫作一完成的瞬間，不就要死了嗎？（笑）

不為別的，每個作家都是把寫作當成生意在經營啊！

說穿了，管他寫作者的感受如何，無所謂啊，根本沒有人會在乎。因為，寫了又沒能流傳。而且也沒必要流傳。誠如我剛才提的，按照每個人各自的解讀，從字裡行間提煉汲取出什麼意涵，或領略出什麼言外之意，而能在各個讀者自己的心中產生精彩故事的作品，如果真有這樣的作品，那麼它就是傑作。因此，任何一部小說都有成為傑作的可能，是吧。一部作品能否成為傑作，取決於讀者。一部小說只有遇到了好讀者，才能夠以傑作傳世。僅只如此。這一切完全取決於讀者。

任何文章或任何一句話，無論初衷本意如何，反正都將會因接收解讀文章和話語的人而改變，這一點，我想，對於我們這種靠語言文字吃飯的人來說，務必要牢牢地記在心裡。

但也不能因此就因循苟且，認為應盡可能避免被誤解而遷就讀者哦！寫作的人應該思考的是，無論受到多麼大的誤解，都能泰然自若寫出冷靜的內容，以此當成寫作的目標——噢！不對，目標是盡量寫出能引起多種詮釋解讀的內容，應該是這樣吧。

如果所寫的文章希望讓廣大的讀者讀得開心，那麼，能引起形形色色多樣解讀的文章肯定是好的文章嘍！正因為小說能讓人隨自己高興的方式閱讀，也能隨心所欲地讀得津津有味，樂在其中，所以小說很有意思。關於小說的閱讀方法，沒必要聽別人的意見。閱讀小說，沒有什麼方法或規則可言。但如果要說「正確地體會理解作者的感受」才是唯一正確的答案，那麼，一切的閱讀都是誤讀。

如果我們換個說法來談的話，那麼，小說的情況則是，一切的誤讀都是正確答案。但如果偏偏要認定那個答案並非正確答案的話，就必須在某一處說清楚那個不是正確答案。而且，還必須一五一十地說清楚才行，要像契約書、合約的條款及細則那樣鉅細靡遺。可是，這種小說會有趣嗎？不，當然啦，或許那樣也不錯，但是就算交代得再詳細，畢竟還是可能被誤讀。

更何況，像是發布到推特的簡短文句，是不可能讓人寫得很詳細的。推特的貼文一發出去，就會有人留言，「喂！是在幹嘛？」「這好像不太對勁吧」……諸如此類的回應，接二連三，一直有人留言下去，對吧。這種不斷有回信給發文者自己的回應互動形式，沒完沒了，幾乎塞滿整個時間軸。

照這種情況下去，發文者大概會覺得，無論自己怎麼寫，怎麼回應，都沒有用了吧。會不會又被誤解了？會不會越描越黑？也難怪會這麼想。不過，無論自己再怎麼回應別人的留言，絕對會被誤會就是了。況且有些人不會去看後來寫的回應留言。到最後，就會演變成「既然不喜歡被誤解，就不要寫」的地步了。不只是小說會被誤讀，所有類型的文章都會被誤讀。若不是因為掉入語言陷阱太容易，歷史學家何苦要煞費心思解讀史料呢？

一切的衝突都源於語言文字的誤解

語言文字既相當便利，而且還讓我們明白了很多睿智的道理、知識。然而，跟這些語言文字的功效不相上下或甚至說功效凌駕其上的，則是語言文字本身同時具有相當的危險性。

如先前我所講的，世界是無法用語言文字來改變的。「言靈」這種語言文字的威力，只會對人的心靈產生效用。語言文字能夠操弄人心。現在你們就多多少少被我操弄著。（笑）也許我一直在騙人也說不定哦。就算不是全部都在欺騙，但說不定其中夾雜了一些謊言，或者有一些是我講錯了。

讓我們豎起耳朵懷疑吧！

這個稀奇古怪的老頭子，從剛才一直講到現在，他的話通通都是騙人的吧！你們就姑且抱著疑神疑鬼的心態，豎起耳朵去懷疑吧！然後，你們自己好好地思考判斷。即使你們思考到最後，咦！好像是真的，但還是不能這麼輕易就相信哦！（笑）你們再給自己一次機會，去懷疑看看吧！這種心態可是非常重要喔！像這樣的老阿伯，從這麼高的地方，用竊竊私語的聲音跟你們聊，千萬不能乖乖地信以為真啊！

同樣的道理，我們也開始懷疑自己的想法和感受吧。「因為我就是這樣的人嘛！」「本山人就是這種人咩，怎樣？」或者「這是我的底線，絕不妥協！」「我是靠這個信念而活著！」這類的人比比皆是。甚至有人把這些想法當成生命的依靠和精神的寄託。這些想法，全部是自己死心眼，鑽牛角尖。所以，我們最好把這些緊抱不放的想法試著丟掉一次吧，懷疑看看吧！自問，那樣的想法，難道不是在自欺欺人嗎？

何以會到這種地步呢？都是因為我們的腦袋裡也正在「用語言思考」的緣故。語言，我們不是只有對著別人的時候才發言而已，在我們整理自己的感受或思維的時候，我們也在使用語言。當我們總結自己的想法感覺時，當我們想確認自己真正的心情時，沒有人不使用語言吧！

儘管那語言是發自我們自己內心的話，但由於採用的是原本就欠缺不全的語言，有多少人因此而過度地緊抱不放那些話語的其他意涵，結果讓自己陷在狹隘的偏見或有害的信念中，死心眼地「情人眼裡出西施」啊！

我們好好仔細地思考吧！

我喜歡這個，我討厭那個。這件事我做不來，我不想幹，我沒興趣搞它。就這件事，我絕不放過！我偏偏就是這樣的人，不服氣，來咬我啊！

回過頭去懷疑看看，說不定會更妥當呢。

真的是如我自己所想的那樣嗎？我是不是利用什麼話來敷衍、合理化自己的所作所為呢？想合理化自己，只要隨便拿幾句話搪塞，就能輕輕鬆鬆辦到了。我沒有錯。我這樣做是對的。一旦這種話說出口了，即使立刻被別人否定，「哪有，你才不是這樣！」但你自己在內心已合理化自己的言行舉止了。也因此，你才會一被人否定，馬上就被激怒火大起來。不過，正當化自己的行為，跟你騙你自己，其實沒什麼兩樣。讓我們就懷疑一次看看吧！多懷疑幾遍看看吧！

當我們聽別人說話時，也試著想想，這個人說的話真的是這個意思嗎？再想一遍，兩遍，三遍，四遍，五遍，反覆仔細地思考斟酌之後，再做出反應吧！遣詞用語，能夠小心謹慎是最好不過了！

卓越的發明，往往都伴隨著高危險性。就好比原子能，到現在還是極其危險的東西一樣。語言文字，因為是人類有史以來最大的發明，所以，也就蘊含了跟語言文字的地位旗鼓相當的危險性。

歷史上許多過去所發生的衝突、紛爭和戰爭，絕大多數是由語言文字的誤解與分歧所引起的。我們不能忘記這一點。而原本只要好好地談，必能化干戈為玉帛的那些無謂的戰爭衝突也為數不少啊！

不對哦，正是因為說出「談一談就會明白」[18]這樣柔弱無力的話，才會導致那種悲劇發生！既然要謀求彼此達到溝通的目的，就只能以「談了，對方也聽不懂」為前提。要設想「必定會發生意料之外的事」當作大前提，這才是危機管理。因此，我們不能拿「這完全超乎意想之外」當作藉口。一旦把安全管理和危機管理搞錯了，危機立刻降臨。

我們在開口說話以前，不妨先思考一下吧！想一想，我們表明自己的意見時，那些字眼真的是適當的措辭嗎？想一想，即使因為措辭而遭到曲解，那又會是什麼樣的曲解？相同地，聽到這些話的人，也應該避免自以為是，千萬別固執於自己的解讀，死腦筋地以為絕對正確無誤。而這不就是我們在面對與人交談討論時，最基本的態度和對話的第一步？

實際上，這種糾紛衝突還真是司空見慣。我們常遇到的情況是，雙方口角，陷

18指的是前述日本首相犬養毅的話，參見第50頁。

入口水戰而吵得不可開交，因此介入當事人中間勸架。於是聽取雙方逐一說明事情的緣由。可是當你仔細聽他們說清楚來龍去脈，卻發現，雙方爭論的想法一模一樣。「既然如此，有什麼好吵的嘛！」搞得你這位調停的和事佬忍不住要發火。連雞毛蒜皮的小事，都能從鬥嘴演變成大打出手的紛爭。

當你碰到蠻不講理的人對你無理取鬧，這時，你可能會大發雷霆，怒吼：「你這傢伙！豈有此理！」不過，你再好好想一想吧。說不定只是聽起來很像無理取鬧罷了，可能對方有不得已的苦衷，逼得他說出不講理的話來。言辭往往會過猶不及，我們真的必須小心拿捏應對才好。只要這麼做，就能免除無謂的唇槍舌戰。

「贏了」、「輸了」也都是語言的魔術

在這個世界上，有些人就是好勝心特別強，絕不服輸。但仔細推敲，日文形容好勝心特別強，絕不服輸的這個詞「負けず嫌い」（讀音為makezugirai，以下同），實在是很奇怪矛盾的詞啊！

日文的「負けず」（讀音為makezu），即「負けない」（讀音為makenai），也就是「不輸」的意思。日文的「嫌い」（在此讀音為girai），就是「討厭」的意思。把「負けず嫌い」這個詞拆開來看，就是「負けず」（不輸）加上「嫌い」（討厭）——照字面看，於是變成了「討厭不輸」，但假如這個詞確實指這個意思，那不就表示「贏是我討厭」的了嗎？（笑）可是，「負けず嫌い」明明不是這個意思嘛。這個詞表示「絕對要贏」、「絕不可以輸」，「絕對不想輸掉」的意思啊！好勝心強、絕不服輸的人，正是那種「我就是想贏！我只能贏，絕不認輸」的人，沒錯吧。

在勝負輸贏的世界裡，只有勝利者和失敗者這兩種人。雖然比賽偶爾可能出現

平分秋色的情形，但對於把取得勝利當作參賽目標的人而言，打成平手並不算獲勝。因此，未能分出勝負的雙方，賽局進入必須「一決勝負」的一局，最後，不是獲勝就是落敗。

欸，那種絕不服輸的人，他就千萬別跟人競爭比輸贏就好了嘛！千萬不要上擂台參加奇怪的賽局就好了嘛！那就絕對不會輸的嘛！然而，「不對，不對，這種說法，只是在語言層次耍嘴皮子的問題！你不要企圖把話題扯到概念上，把話說得很好聽來糊弄人！」心裡這麼想的，還真的大有人在呢。

但這兩者大異其趣。真的是這樣啊。

輸贏的思維，只有在比賽設立了規則的情況下才存在的。是這樣沒錯吧。只有當比賽規則訂定得很公平公正，並且，唯有規規矩矩地按照比賽規則進行的那個場合，這樣的勝負結果才算數。除此以外的場合，絕對無法分出勝負輸贏的。

以前有一度甚至連「勝利組」、「失敗組」這些用語都流行過，現在還有人偶爾會用這些詞，但這些說法，讓人不禁想一拳打過去。所謂的「失敗組」，到底是敗給了什麼？而且還成「組」呢！這世界上根本就沒有所謂的「失敗組」這種組合。同時，相對地，一成為勝利組就傲慢不可一世的人，他究竟是勝過什麼呢？這個世界上並不存在那種比賽規則。例如，有錢人就是贏家，地位高的人是贏家，或者，有女朋友的人就是贏家，男朋友年收入很優渥的人就算贏家……，這樣的規則，到底是誰規定的？根本就沒有這種規則！只要你自己覺得自己的人生很如意，那就夠了。你沒有輸，也沒有贏。這樣才是正確的人生態度嘛。

輸贏勝敗的概念，只有在比賽中才起作用。嚴謹制定的比賽規則，如果沒有公平公正實施此規則的舞台，則輸贏是無效的。因此，在沒有什麼根據的情況下，就草率地說輸贏，是很不妥當的哦！如果你愛隨便畫一條線，說那邊是贏家，這邊是輸家，然後，自己還因此而患得患失的話，那也無濟於事！

如果你是去參加競賽，爭個高下，那無所謂。為了贏得比賽而付出努力，是很可敬的。而且，無論成敗如何，你努力的成果都應該獲得肯定才對。只不過，勝敗輸贏，僅僅是為了比賽而事先安排的機制罷了，並不是為參賽者所準備的。

為參賽而練習、訓練和嚴格的磨練，這些訓練本身很有趣，很有意義。我認為，無論努力的結果如何，這樣的努力，理所當然應該給予稱讚。不過，輸贏本身就只是「遊戲」罷了。不該將遊戲帶進人生當中，還因為贏了或輸了就深陷其中，把勝利失敗的結果看得很重。這個想法很可笑，你們千萬別糾結在這種事情上，不值得的。

輸贏其實也是語言的魔術。在有輸有贏當中，我們有一種印象，認為獲勝才是比較「好的」。因此，我們會認為每一個得意的人，占到便宜，都是贏家。不可以這樣啊！得意的人只是洋洋得意罷了，並非他贏了什麼人。至於因故而不如意的人，只不過是一時不順遂而失意罷了，並非他輸給了任何人。

你們也即將擁有選舉權了吧。選舉也在說勝負輸贏。這個說法其實也不對。選舉，是有選舉權的人把人選出來，那個人因此當選，而落選的人，則是沒被選上的人，如此而已。並非真槍實彈，彼此戰鬥而打贏選戰的喔。選舉，並不是在遊戲規則下，全部的候選人都去廝殺，戰到最後倖存的人就贏了。你們千萬別搞錯了。每當我看到當選人高喊著「勝利！萬歲——」的畫面，我實在不敢苟同。他們只是被人選出來，是我們選出來的。我真希望他們能以更嚴肅誠懇的態度看待這件事啊。

還有一種說法，有的人會說：「輸贏的競爭，就是要戰勝自己。」或者認為，競爭就是與自己的決戰。那麼，這場戰，究竟是誰跟誰競爭輸贏呢？如果是自己跟自己的競賽而贏了自己，那麼，輸的人又是誰呢？既然贏了自己，那就表示是自己輸了嘛！這種說法真的很奇怪！戰勝自己，這種情況，除非是發生在科幻小說裡，否則根本不可思議啊！可不是嗎？贏的人輸了喔！這種自相矛盾的事，也只有在語言文字的層次上才能夠成立，純粹只是語言上的便宜行事，在現實中說不過去。

那只是意味著自己努力的成果顯現出來了，如此而已。為什麼這麼單純的事情，非要用繞口令那麼麻煩的說法來說不可呢？無非是因為，自己在定下某個目標之後，中途卻想放棄目標的緣故。

這或許是因為自己在過程中厭煩起來，但同時有另一面的自己，覺得自己不該因厭煩而怠惰，這個我戰勝了那個不願繼續朝目標前進的我。而中間的心路歷程都被省略了。所以才會讓別人在聽到自相矛盾的話時，迸出「蛤？在說什麼呀？」的反應來。再更坦誠一點，會比較好吧。沒有必要像戰國武將那樣，要帥或者裝體面。當自己全力衝刺努力而得出好的成果來，只要一句「我很高興」就很好了，不是嗎？萬一自己努力的過程中，因為偷懶懈怠，真的半途而廢，於是對自己很失望，「看吧，我果真是個很懶惰的人！」那也沒關係嘛！有什麼不可以呢？

恐怕是因為你並不喜歡偷懶而怠惰下來的自己吧。但果真如此嗎？想偷懶，混水摸魚，或者有意半途而廢的，都是你本人。如果你都不能承認自己是這樣的人，那麼你是無法前進的哦。把自己幹掉，把自己徹底打垮，然後自言自語地高聲吶喊：「我贏了！」這麼折騰你自己，究竟想怎麼樣呢？這種情況，多半是與個人經歷成功的體驗相結合的具體例子有關，因此才會用勝負輸贏那樣來比喻。然而，自己宣稱「戰勝了自己」，但實際結果，並沒有達到自己立定的目標，這種例子太多了。在這種處境下，自己多半會轉嫁責任，怪罪那個「偷懶的自己」吧。你自己在心裡面互相推諉責任，你想幹嘛呢？（笑）實際上，自己並非討厭那個「偷懶的自己」，而是討厭無法達成設定的目標罷了。之所以無法達到目標，不外乎是自己努力不夠，要不然，就是訂定的目標太高了，與自己的實力不成比例。把「偷懶的自己」設想成另一個人格，不僅高估了自己的實力，而且，對於獲得別人認同肯定有強烈欲求的人來說，這也是拿來當藉口，便宜行事的手段。一旦不需要託辭藉口時，就會說出「我戰勝了自己！」之類的話。這樣不只渾身殺氣騰騰，而且還是不乾不脆的態度，是無法把真正的實力成果展現出來的，而且，也不開心。唯有以平常心面對挑戰，並且高興地日積月累符合自己能耐的努力，才能盡情發揮，展現出自己原本實力能及的成績。所以，那種意義空洞又不可取的精神論，最好還是扔了吧。

參加升學考試，也是同樣的道理，與勝負輸贏無關。讀書本來就是開開心心學習的事，因為這是為自己好而心甘情願去做的事。正因為天天讀書所累積的學習結果，而有考試及格或不及格，錄取或落榜的分別，但這並不表示輸或贏。以往有的人會在額頭上纏一條頭巾，上面寫著「必勝！」的字樣。這是要戰勝什麼啊？無非是喊喊「贏過自己！」之類的精神喊話吧。然而實際卻不是這麼一回事。就算你在荒郊野外高聲吼叫：「我打敗我自己了！」可惜無人會回應你、誇獎你。一個人站在懸崖邊狂呼：「我贏了我自己！」這種場景，如果放在動畫片裡面，或許看起來挺英姿神勇，可是，這話是講給誰聽呢？是對自己講，沒錯吧。既然如此，默默地告訴自己，不就得了嗎？仰天長嘯，那樣白費力氣的事，大可不必。

人終究會成為自己想成為的模樣

人啊，會成為自己想要成為的那個模樣，終究會變成那個人。現在的你們，正是你們以前想要成為的那個人。毫無疑問地，錯不了。

這才不是真正的我呢！你是這麼想的嗎？只要我再加把勁，我一定會變得更好。我不做則已，不然我也會變得更棒。你是不是會這麼說？果真如此，那你就去做嘛。正因為你沒有付出行動，所以你不行。目前的你，是從以前到現在的集大成。此刻的你，正是你有意成為的那個人，儘管你自己並沒有意識到這一點。如果你不先承認這個事實，那麼你是無法前進的。總有一天，我會改變的！實際的我，比現在還更厲害！千萬別抱有這種不切實際的妄想。

各位都已經十幾歲，快要二十歲了吧。有一句諺語說：「三歲定終身」——或許，可以說就是成語，是人們約定俗成的看法。「三歲定終身」的說法，一點都不假。一個人在三歲左右所形成的人格，一輩子都不會改變。我現在老態龍鍾，是比你們父親年紀還大的老人。可是，從我差不多你們這個年紀的時候，活到現在這個歲數了，我都沒有什麼長進。雖然我上了年紀，但馬齒徒長，雖然也學了一些無聊的花樣，但庸庸碌碌，基本上跟我小時候一樣。說穿了，人並不會有大幅度的成長。所以，你們幾乎已經定型了。（笑）

而且，這個已經成型的自己，不是因為別人，而恰恰是你自己親自塑造出來的模樣。這既不是你父母的責任，也不是生活環境或學校的責任，都不是。當然，這樣的條件，可能有受到各種的限制。不過，即使條件狀況都相同，人也不會都成為同樣的人。其實，是你自己想成為這個樣子，於是現在，你成為了這個樣子的你。

現在的你們，好的壞的部分都包含在你們自己身上，現在你們有一半是在對自己的期望中把自己塑造成目前的模樣。你們不應該打倒這個人啊。首先，你們得先承認，是自己創造出目前的自己，然後，在這個認知上仔細思考，從今以後，自己應該怎麼做，才會更有效率、更有效果。這樣做不是更好嗎？當然，這件事還是由你們自己決定。跟自己創造出來的自己互打廝殺較量，有什麼意義呢？這個被自己打敗的自己，又該如何是好呢？是不是？所以嘍，你們要好好的珍惜自己、愛護自己啊！

不過，的確也有人就是討厭自己，對吧。那真的是很無奈。我並不是叫你們一定要喜歡自己。只是，既然討厭你自己的人就是自己本人，在這種情況下，你不妨好好愛護疼惜被討厭的這個你吧。

不管怎麼說，什麼勝負成敗這種極其簡化的價值觀，用滿不在乎的態度把它輕易帶進自己的人生當中，是傻子才會幹的事。把很難應付的狀態比作輸贏，只不過是簡化了那件難搞的事而已。即使並非如此，但由於語言本身就是有欠缺，不是用輸贏就可以簡化概括了事。只是，犯不著在眾多語詞當中捨棄了其他，偏偏只留下輸贏這麼簡化的詞，因為，這麼做幾乎等同於放棄思考啊！輸贏成敗，的確是空洞沒有內涵的價值判斷。

贏了、輸了這種話，我們就盡量別輕易脫口而出吧。

這一點，的確是語言的問題。於是大概有人會說：「那麼，只要單純地把勝負輸贏當作有建設性的說法，積極地接受輸贏的結果，這樣不也行得通嗎？」

但誠如我提了很多遍的觀點，語言很危險！語言本身暗藏風險，危機四伏。因此，當你那樣說之後，難保會如你所講的那樣。一旦你脫口而出，說你輸給了自己，那就完了。

言靈，語言的威力，對人心以外的東西無效——但偏偏就是對人的心靈起作用喔！

運動和讀書都與輸贏無關

運動競賽時，我們常說：「非贏不可，否則就沒意義了！」競技的情況是已確定規則的賽局。因此，當然會有輸有贏，對吧。

可是，一旦事情變成了「非贏不可，否則就沒意義了！」，那麼會如何呢？

明年，東京應該會舉辦一場熱鬧盛大的運動會吧[19]。（笑）到時候就可以拿到鍍金的圓盤嘍！

非奪得金牌不可！銀牌、銅牌都不行！奪了幾面金牌等等，有很多人一直講這類的話，是吧。他們說，為了國家，為了自己，為了爭取獎牌，賭上自己的人生，甚至連戰爭時發揚國威的海報那種宣傳口號，他們都若無其事地脫口而出！哎呀，有必要那樣嗎？不至於到那種程度吧。我們不是都說，只要參加比賽就有意義了，不是嗎？

英文 SPORT 這個字翻譯成日文是「餘暇運動」。意思就是指閒暇的時候從事的運動。絕對不是指為了培養健康強壯的身體為目的的運動。既然是在空閒時才動一動的運動，那麼，就是指體育嘍！或許有很多人認為，既然這是在體育課時學習，所以對培養、訓練身體，應該很有幫助。然而，假如真的是為了配合人的年齡、性別、體型，促使人們獲得適當的發育成長，而讓人們運動的話，那麼，其實沒必要讓人們彼此競賽。因為，如果真是這個目的，那麼，只要在那邊做做體操、伸展四肢就夠了。所以，像是踢足球啦、打棒球啦，都沒必要。這些運動都是因為有趣才玩的運動。

運動，本來就是很有趣好玩的活動。而運動的規則規定得很嚴格。實際在運動比賽中，由於在時間方面爭分奪秒，在技巧方面競爭高下，在分數方面搶先積分，儘管很容易出現漏看而誤判的失誤，但基本上，如果沒有比賽規則這個概念，獲勝和落敗是不可能成立的。因此，在運動競技中的戰鬥，是受到極抽象的標準所規範控制的。

19 指的是原定於二〇二〇年舉辦的東京奧林匹克運動會（第三十二屆國際奧運會），由於當時主辦國日本及全球多數國家受新冠肺炎（COVID-19）疫情嚴峻影響，國際奧委會決定延期至二〇二一年七月二十三日舉辦，史無前例地，在東京都與鄰近三縣市的賽事採無觀眾比賽。

換句話說，就是跟遊戲一樣。

雖然是這麼說，但若因此推論出：「既然如此，那麼不要排名次，不也是可行嗎？既然有參加比賽就有意義，那麼，根本不需要獎牌和名次，不是嗎？」這可是弄錯了哦！因為，這些比賽跟幼稚園小朋友玩的遊戲不一樣。正因為比賽的難度相當高，所以很值得努力去挑戰，而且，正因為參賽者的程度水準很高，因此參賽本身就有意義。比賽規則也因而顯得格外重要了。

因為，我所謂的「跟遊戲一樣」，並不是指可以馬虎、很寬鬆隨便的意思。並不是指規則像擺設一樣無用的狀況下，你跟對手較勁直到把對手打死為止，或是憎恨對手而把對手殲滅，或者沒有第一個抵達終點就會被殺……之類的情況。

不是的，但我的意思也不是說，「既然這樣，不認真比賽反正也無所謂。」任何比賽，只要不認真投入，不全力以赴，就很無趣。犯規取巧，當然也是不行的。只有帶著嚴肅認真的態度投入比賽，才能確保比賽的遊戲性。

跑步這件事本身很有趣，為了跑得快而練習跑步也是很開心的事。可是，如果每一位選手都隨自己高興，愛怎麼跑就怎麼跑，那麼，比賽就少了趣味性，於是嘗試著排名次，大家也因此都很努力拚命地跑，啊，真有看頭呢！這才是運動原本的樣貌。正是為了讓競賽變得有趣味而制定了輸贏的比賽規則。

因此，如果比賽中能自得其樂，那麼很好。要是感覺遺憾、悔不當初，那也很好，畢竟嘴巴雖然說遺憾，其實還是開心的。至於，對比賽的態度，如果演變成「不贏就沒有意義」這類的話都脫口而出，那就太奇怪了。因為，這表示比賽的兩個人當中就有一個人會變得不好玩了，那麼，其中一個人一定得輸喲！假如比賽獲勝的人才有樂趣可言，那麼，十個人賽跑，那九位被追過的人，不就都覺得不好玩了嗎？除了第一名，其他的人全都覺得不好玩的遊戲，誰也不會去玩吧！我們沒有任何理由需要拘泥在無謂的輸贏上，一個也沒有。

沒有得第一名，就不肯接受第二名的名次，這叫排名在第二名以後的人情何以堪呢？輸給了第一名的感受，我們可以理解，但換個角度，開開心心接受這個結果吧！如果所有參加的選手不能笑嘻嘻地參加比賽，那麼，舉辦如此隆重盛大的運動會就沒意思了！輸贏，只有在高度簡化的遊戲規則中才會發揮效力，而這個規則，沒有別的，只是「為了讓遊戲更有趣好玩」而準備的機制——就是這麼一回事。正是因為判定勝負的規則已經定好了，因此很有趣。既然這樣，那當然要好好享受，開開心心地玩，不然就是騙人的。

贏了和輸了都不開心的，大概只有戰爭吧。

即使是戰爭，也講求遵守戰爭的規則。可是，現在的戰爭，已經被掩飾在冠冕堂皇的理由下，人們已看不清戰爭的真面目了。不，其實戰爭已被刻意包裝成師出有名的正義戰爭形象了。

之所以刻意包裝掩護，或許是因為，打仗時如果還跟敵對方明確表示會遵照約定打仗，恐怕就喪失戰鬥精神了，這仗還打得起來嗎？因為，要不是被逼到「無論如何都得開戰，別無選擇！」的關頭，一般是不至於走到互相殘殺的地步。也因此，好戰者為了開戰出兵，這時就必須請出精神論來搖旗吶喊，以便強化戰爭的正當性。「為了保衛這個國家，我們要戰到最後一兵一卒！全國人民，團結一心，打倒越多敵人越好！勝券在握！」這類的精神喊話，在喊話的這個階段，仗還沒打就已經輸了。況且，要是真的戰爭打到只剩最後一人，那麼也沒有需要捍衛的國家了。戰爭，在一開始的階段，就已經是雙輸了！防止啟動戰爭的國防，才是真正的國防。

剛才我已經講了，絕對不想輸的話，就千萬不要競賽，一決勝負。

所謂的精神論，一般來說只是語言罷了。可不是嗎？精神這種東西，眼睛又看不到，所以只能用語言表示，否則無法理解。所以，只是語言而已。

因此，才說精神論是很危險的呀！

推翻幕府[20]的官軍[21]也好，被官軍打敗的幕府也好，都是以朱子學說[22]為精神支

20 幕府一詞原出自古代漢語，指出征時將軍的府署。幕，指軍隊的帳幕。府，指王室等收放財寶文書之處。後來在日本史上，源賴朝建立幕府制度起，幕府則指的是從十二世紀到十九世紀為止，武士的首領「將軍」所掌握政經大權的軍事極權制度，為當時日本政治最高權力機構，甚至凌駕天皇之上。

21 在尊皇思想之下，日本軍隊有天皇之軍的意識，戰鬥時舉象徵日本皇室的菊紋旗提振士氣。官軍原是隸屬於君主的正規軍。在日本幕府時代末期的戊辰戰爭（一八六八－一八六九）中，新政府軍（官軍）討伐江戶幕府（德川幕府）舊政府軍，翻轉了向來成王敗寇的說法。新政府軍勝利，幕府時代結束，明治新政府成立。

22 中國思想家朱熹（一一三〇－一二〇〇），對儒家文化學術傳承，注重實踐和修身齊家的倫理與科學精神，形成朱子學派，十三世紀傳入朝鮮和日本。經日本的僧儒改造發揚的日本朱子學，從幕府時代至今仍是日本政治哲學的一環。

柱。而宗教方面，由於各宗派對聖經內容的解讀不同，導致分裂成不同的宗教派別，因此歷史上也發生慘烈的宗教戰爭。聖經上面寫的內容應該都是一樣的——戰爭卻還是打起來了。這個情況，跟那些意見主張明明相同，只因說話方式比較笨拙，或解讀言辭的方式不對就大打出手的人，其實沒什麼兩樣呢！

問題就出在，由於精神論的鼓舞，造成千百萬人喪命！原本講究高潔俐落的武士道，被拿來當成戰鬥招牌大肆宣傳，這也就罷了，卻有違武士道的精神而拖泥帶水，不承認戰敗，堅持繼續無謂的犧牲和魯莽頑強的抵抗，造成千千萬萬人陣亡——歷史上也有過這麼不堪回首的過往。同樣一件事，即使都基於相同的道理，但因表達方式和理解方式的不同，白的很容易變成黑的！只要蓄意曲解別人的想法，其實是輕而易舉就能稱心如意的，甚至使別人相信歪曲的事也易如反掌。言靈，就是只對人起作用！

欸，沒辦法，這實在是無可奈何的事。不過，我想，唯有一點，你們千萬要記住，不管你們要怎麼解讀別人的言辭都行，唯有一點，就是絕對不可以做出藐視人命的結論來。

我認為，一味地把無益的勝負輸贏概念擴張到遊戲規則外面，是招來攸關人命的危險想法的主要原因。運動並不是打架，更不用說，運動根本不該和戰爭扯上任何關係。但我感覺到，武士道惡的一面已被當成精神論的典範，而日本的運動，不知道從什麼時候起，已被這樣有害的精神論汙染了，以至於走樣，被匪夷所思的想法取代了。我們真的不應該被這些誤導而受騙。這個世界，應該是一個更值得去盡情揮灑享受的和樂世界才對。照理說，運動也好，讀書也好，原本就是應該很有趣好玩的事啊！

這世界沒什麼美好的事，但你想讓它變有趣，就會變有趣

不，讀書應該是很開心的事啊，可不是嗎？因為讀書可以讓你學會很多事情，可以讓你變聰明，是很開心的事、照理說，應該會很開心才對呀。

上學很痛苦，學校這個地方管人管得好嚴，是很煩的地方，真是恨透了——但事實上，學校不該是這個樣子的。

我們來回想看看。小學和國中的時候。國文課也好，數學課也好，理科、社會科也好，這些課程本身都是無辜的，何罪之有呢？義務教育教我們如何使用文字和數字，教我們算術計算的方法，還教我們社會的結構組成狀況、自然科學應有的態度，以及現在我正在講的話，這類關於言詞語文該如何運用等等的課程內容，只需要繳大概學校營養午餐的費用，學校老師就會以循循善誘、諄諄教誨的方式，詳細教導我們這些內容。

這樣上學，怎麼可能會很乏味無趣？想想看，我們學會了，就能變更聰明了

呢！

可是，就是很無趣，沒錯吧。（笑）為什麼會覺得乏味無趣？本來，我們能獲得這麼豐富精彩的知識，吸收學習的過程，照理說應該會感覺很愉快，樂趣無窮！但是，當學生笑嘻嘻的時候，「別胡鬧！認真一點！」立刻就被潑了冷水，也難怪學生老覺得學校很無趣了。

「學校不是讓你來玩的地方！」沒有人這樣告訴過你們嗎？也沒錯啦！學校的確不是讓人來玩耍的！不過，要是學生感覺很開心有趣，於是就笑一笑，這不也挺好的，有什麼不可以呢？如果讀書上學真的是很有趣的事，那麼，在課堂上不是就應該嘻嘻哈哈，開開心心嗎？為什麼衝著笑嘻嘻的臉說：「好傢伙，你再胡鬧看看！」

這種狀況，也是被匪夷所思的精神論汙染而導致的結果吧。

他們以近代化當作託辭，推出了朱子學說，或者更確切地說，是把儒家學說搬出來。一小部分的人，以儒家學說為基礎，私心取用有利於己的思想，斷章取義創造出精神論，然後倡導、推廣開來。無論一個人多麼拚命，全力以赴，但一副嘻皮笑臉的傢伙就是不應該，就是在胡鬧。認真做事的時候，就應該正經八百、一副恐怖的死樣子，眉頭深鎖、擺出很嚴肅而痛苦不堪的姿勢，才是正確的。受盡折磨吃苦耐勞的人，才算是偉大的。在鼓動人們上戰場的時候，這種主張確實很管用而有效，但在沒有戰亂紛爭的承平時期，這種崇尚嚴苛的風潮已經穩穩地扎根在社會了。這種想法之所以被大眾接受，也只是因為這個緣故吧。

而教書的人在這種環境下成長，因此，他們就誤以為非以這種教育方式教學生不可。學校老師的講課都不怎麼有趣，不是嗎？

大概是他們壓根兒都沒想過，要把課程教得有趣一點吧。事實上，只要像平常一樣正常地教書，上課就會很有趣了。但老師們卻故意用索然無味的方式在上課。

那是因為，老師深信不疑，認為那麼做是理所當然呢。其實，我的意思也並不是說，那就隨便胡鬧吧！我的意思是，沒有必要那麼死板板的，不苟言笑。

真的，在學校讀書，原本應該是很開心，充滿樂趣的嘛。

有一段時期，我們的教育變成了填鴨主義的教育方式。那是什麼都不管，就是給我好好念書就對了，無論死記硬背，反正全部都要給我記下來的時代。過了那個時期，填鴨教育卻變成了錯誤的政策，遭人批評。不對啊，填鴨有什麼不好？如果真的能夠全部塞進腦子裡的話。可以吸收很多知識，哪裡有錯呢？然後，接著是寬鬆放任的時代來臨了。於是，到後來又批評說寬鬆世代的快樂教育是不對的。但這種快樂教育也挺好的，不是嗎？因為這樣寬鬆，就有了餘裕和閒暇。在這樣的教育下，學生之所以無知，一問三不知，只是因為學校沒有教他們那些東西嘛！但空出來的部分，就可以把自己喜歡的內容加進去哦，所以，寬鬆放任的快樂教育也沒有任何問題喲。

無論是哪一種教育，其實之間並沒有太大的差別。因為，人腦的構造並沒有太大的差別，也許，能記住的東西有限，確實不能強行硬塞，不過，問題癥結在於，到底要把什麼東西以什麼方式裝進學生腦子裡。批評不該實施快樂教育的方式，或者說，不該採用填鴨式的教育，那麼，歸結到究竟該如何做的問題上，其實，這些教育方式都沒有問題啊。真正的問題反而是，無論採用哪一種教育方式，課堂都索然無味！

但這個世界其實很有趣，而且，校園和學生時代更是其中最有趣的！

那些被學校教育成相信學生時代過得很痛苦才是正確的態度，而度過慘澹鬱悶學校生活之後，就可以進入好的大學，如果進入好的公司，那麼必然有美妙精彩的人生等在前方……被灌輸這種想法的人，每個人在踏入社會以後，都嚐到了地獄般的日子，煎熬的滋味。這個人世間，並沒有任何美好的事，而是地獄啊。

可是，很有趣哦！即便是地獄，若是能自得其樂，那麼地獄照樣能讓人感覺趣味橫生。

人在世上確實是很痛苦啊！我也是從事過各種行業一路走過來的，對於職業，我沒有特別的喜好或厭惡的東西。雖然也是有過痛苦不堪，但大致上能夠自得其樂。其中又以小說家最無聊。（笑）小說對寫作的創作者來說，是很無趣的！就是一直敲打鍵盤而已，像個傻瓜一樣。不過，要是想讓自己樂在其中，還是能辦到的。

今天試著改變輸入法看看；由下往上寫看看。只要肯去嘗試看看，就會很有趣，能自得其樂！我並沒有因為寫作很痛苦，就感覺很單調無趣，沒這回事。不過，我實在被操得太凶了，連那種閒暇空檔都沒有，因此，說來還是有點厭惡吧？（笑）

我的師父是前幾年過世的大漫畫家水木茂先生[23]。他是一位冒險家、妖怪方面的專家。他小的時候，由於看見地獄和極樂世界的繪畫，而經歷了一場翻天覆地的文化震撼，從此乖離常軌正道，是誤入歧途，把不正經事幹得有聲有色的偉大人物。（笑）

極樂世界圖，指的是佛祖以雍容的福態端坐於蓮花座之上，圍繞在旁的天人[24]吹著捲笛樂音，這樣一幅西方極樂世界的圖畫。至於地獄的世界，正如大家所知道

23 幕水木茂（一九二二－二〇一五），日本漫畫家，最具代表性的漫畫《鬼太郎》被翻譯成中文《少年英雄鬼太郎》，與其他作品被改編成動畫片。他擔任過世界妖怪協會會長，榮獲手塚治虫文化賞特別獎、安古蘭漫畫節遺產獎等多種獎項。第二次世界大戰期間遠征新幾內亞，在當地負傷而失去左手臂。戰爭經歷深刻影響他的後半生和創作。

24 佛教傳說的天人，常在佛說法時飛舞在空中，奏出美妙音樂，撒下美麗鮮花，即西方極樂世界的音樂舞蹈之神。敦煌壁畫著名的飛天即是天人，輕盈曼妙的舞姿，吹奏蘆笙，在蓮花彩雲間遨遊。

的，地獄有一個相貌猙獰恐怖的閻羅王，陰曹地府中的鬼對待每個下地獄的死者，不是把他們煮了，就是燒了，或者又抓又捏，又咬又踩，又砍又剁的，各種殘忍的酷刑，極其殘酷。是十八禁的等級。地獄所畫的，是這麼慘不忍睹的內容，但想不到，在四、五年前，描繪地獄的繪本居然成為暢銷書呢。地獄，首先就是裡面的繪畫趣味橫生。儘管畫裡沒別的，只不過是一群鬼正在幹活兒，做的盡是千奇百怪殘暴凌虐的勾當。但我們一方面說，不可以體罰，可是，在地獄裡竟然允許做這些事，實在搞不懂，這是什麼鬼道理啊！我認為，嘴巴上講不要體罰，但地獄中的那些行為就是體罰。不過，那些場景確實相當驚悚、駭人，非常壯觀！而且，每一幕場景都是精心設想出來的，相當引人入勝。而另一方面，極樂世界則沉悶而枯燥乏味。雖然在寺廟之類的地方偶爾會擺著繪本這類書籍，但那些內容，在釋迦牟尼佛和高僧們成就偉大志業以前，他們飽受折磨和勞苦考驗的那一部分故事，雖然有趣，可是在他們進入極樂世界以後，那一部分的故事就一點都不好玩了。比起極樂世界，地獄顯然有趣多了。

這個人世間就是地獄。在三十分鐘以後，我會談談試著運用語言這項極具冒險性的大發明，來盡情享受在這個地獄逍遙遊。剛好上半場時間已經到了，我們先在此休息一下。謝謝大家。（拍手）

第 2 部

如何逍遙遊地獄

「省略詞」的用法錯了嗎？

我們接著剛才第一部分的內容，在第二部進一步談談具體的事例。

我們平常說話，有很多時候對措辭很輕忽、隨意。事實上，我們在遣詞用語上應該保持一定的敏銳度，必須小心留意說出口的話。可是，我們說話時，用詞多半不經思索，反正能達意就好了，大概是抱著這種態度。而另一方面，也有人堅持，應該以嚴謹的態度對待言語措辭，主張在文法和字詞的意義上都必須精準、正確無誤才行。

「語言是活生生的」，人們都說類似這樣的話。實際上，語言一直不斷在變化。隨著不同的時期，每個時代的語詞所指的意義，和它所指對象的領域，也會隨之改變。因此，有些用語即使和最初的本義有差別，並不一定就是錯誤的用法。標準日語的詞彙，甚至文法，都是明治時期以後才制定建構出來的。日文的結構很柔軟，是一種有彈性的語言，因此，今後日文繼續演變的可能性也不能說沒有。

例如，日文中有「省略ら（讀音為 ra）的詞」[25]這種「省略詞」。

「見れる」（表示「可以看到」，讀音為mireru），或者「食べれる」（表示「可以吃」，讀音為tabereru）這些動詞，都是我們日常對話隨口會說的生活用語。另一方面，有很多人非常介意這些詞的說法。在人與人交談時，這種省略雖然是很方便的說法，可是用於書面文章時，確實給人不太好的印象。有點邋遢。

現在，口頭語和書面語幾乎沒什麼差別了。大家不是都以像是對誰說話那種口吻寫文章嗎？可是，我剛才說，從前的口語語言和書面語言截然不同。小說家是第一個用講話的方式寫文章的人。那個時代，「講談」這種民間口傳文學的說書方式很受大眾喜愛。也就是出版社「講談社」的那個講談。為了那些想聆聽講談卻無法前往現場的觀眾，於是，把講談的內容抄寫成文章的講談筆記便應運而生。這種急

25 日文的「ら抜き言葉」（讀音為ranuki kotoba），字面意思是「被拔掉的ら（ra），在此譯為「省略詞」，與日文動詞變化形態有關，因文法上的不盡完善，導致一些動詞變化後的意思易混淆不清。以「吃」的動詞原形「食べる」（讀音為taberu）為例，動詞變化成可能形時，須先將る去掉，再加られる（讀音為taberareru），成為「食べられる」（讀音為taberareru）。但因「食べられる」可表示：1「被吃」、2敬語的「吃」、3「能吃」。若無前後句子或上下文脈絡，不易區別判斷涵義。而省略ら，就變成「食べれる」（讀音為tabereru），文法上雖錯誤，但如此一來，即使不看前後句子，至少不易混淆。種種因素使日語口語會話習慣使用省略詞的趨勢越來越明顯。但面對長輩、書面用語及正式場合，省略ら的省略詞用法仍被認為不宜。

就章、草草寫成的內容很新穎。給人的感覺還不賴。（笑）因此，小說也想辦法弄出什麼名堂來看看，不過呢，歷經反覆嘗試錯誤，修改的過程也相當不容易。在當時的作品中，內容讓人感覺很稀奇古怪的，也不在少數。小說經過這一番重新打造，也不得不仔細琢磨推敲文法，好好整合，理出規則，這一部分則讓學者絞盡了腦汁苦苦思量。就這樣，有了明治時代的人費盡心血鑽研的結果，今天我們所看到的日文書面語言和文法才終於大功告成。

如果我們挪用前人確立的文法理論來看，那麼，這種在動詞變化中省略了ら的用法，在文法上就是錯誤的。也因此，才會被人們指摘，「現在的年輕人講話時把ら省略了，成何體統？太不像話了！」之類的批評。可是……

事實上，如果我們回溯歷史，仔細查考，就會了解，原來早在明治時代，似乎人們已經使用過「省略詞」了！省略了ら的省略詞，作為口語使用，並不是「最近」才流行的新潮說法，而是很古老的用法。這個事實，反而讓人疑惑，真有必要一概認定省略詞就是錯誤的用法而大驚小怪嗎？

有一個日文詞彙是「新しい」（表示「新的」，讀音為 atarashii）。如果寫成一個漢字，是「新」，日語讀音則唸成あらた（讀音為 arata）。日文「新しい」這個詞原本的讀音似乎是あらたらしい（讀音為 **aratarashii**）呢。可是，唸起來很拗口。像這樣發音不順的字詞，自然而然會被人們矯正過來。比起 **aratarashii**，**atarashii** 讀起來順口多了。基於這點無傷大雅的理由，「新しい」的讀音就演變成あたらしい（**atarashii**）了呢！

還有，我們說：「那件事，快讓我爆笑了。」可是，爆笑指的是「一大群人一起笑」的意思。所以，事實上，一個人是爆笑不起來的！不過，人們慣用這種說法的現象，很可能是從「爆」這個字給人「宛如炸彈爆裂開來那樣」的印象來的吧！雖然因為人們已經習以為常，而習慣使用「爆笑」的說法，於是一個人也能夠獨自「爆笑」了[26]，不過，嚴格說來，直到今天，「爆笑」這個詞依然表示「一群人大笑」

26 日網路世代，尤其是英語文化圈，表「爆笑」的用語，在幾年前很流行用 LOL 或 lol 來表示（是 laugh out loud 的省略）。

的意思。

另外，還有「憮然」（讀音為buzen）[27]，這句話是常用語。你們是不是以為這個詞的意思是「不悅、惱怒而板著臉」？但「憮然」指的是悵然失望而失落、垂頭喪氣的意思。人們之所以誤解詞意，會不會是受到「憮」這個字的日語發音ブ（讀音為bu）的影響呢？

似乎很多人搞錯了「憮然」這個詞的意涵。不過，無論是用它的本義也好，還是用錯誤的意思也好，似乎都沒有太大的差別嘛！（笑）所以說，沒有人在意。即使寫了「聽到那番話，他憮然失望」，但究竟是指板著臉悶悶不樂，還是心情不好、垂頭喪氣，這對多數人而言並不會有什麼影響。不管憮然指的是哪一種狀態，犯人既不可能改變，戀情的結局也不會有什麼大轉變，因此很容易被忽視。不如說，其實並不清楚指的是哪一種。但一般人使用這個詞的時候，偶爾也會出現「這個詞，很顯然是用錯了」的情況，要多加留意去解讀才好。我年輕的時候也不太在意這些細節，所以，我早期的作品中也出現用詞錯誤的情形。但知道歸知道，我也沒把它修正過來。

由此可知，語言是可以自由自在任意改變的。只因為發音很拗口而改變，或者因為文字在字面上給人那種印象而誤用，或是讀起來的聲音給人某種聯想等等，反正就是基於某些微不足道的理由，詞義說變就變。更別說有些語詞即使被我們不當使用了，大家似乎也認為無傷大雅，何必雞蛋裡挑骨頭呢？不過，我們必須注意的是，形形色色的人都有，有的人領會的是那個字詞的本義，而有的人則不然。接收字詞的方式會因為讀者和聽眾的不同而大相逕庭。

日文有一個罵人的詞是「ばか」（意思是笨蛋，讀音為baka），有各式各樣的用法，包括謾罵別人的時候用這個詞，或瞧不起別人的時候，或因為對方行為讓人吃驚傻眼。有稱別人是「釣魚笨蛋」[28]，當然也有撒嬌地喊「笨~蛋~」（ばか~ん，

27 憮然，憮的中文讀音為武。出自《論語》〈微子第十八〉，憮然表示「失望而悵然若有所失、發呆、茫然」，但日本多數人誤解憮然為「生氣、惱怒的模樣」，可能受到「憮」字日文發音bu的影響，而容易聯想到ぶつぶつ（表示發牢騷、嘟囔，讀音為butsubutsu）。且日文表示因失望而發呆茫然，多半會用另一個詞「呆然」（讀音為bouzen），而非憮然。可能因而使越來越多日本民眾誤用憮然的意思。

28《釣りバカ》，釣魚笨蛋，中文又譯為《釣魚迷》，是一九七九年起連載的漫畫《釣魚癡日誌》，山崎十三的原作、北見健一繪畫。後來改編成著名的電影系列和電視動畫片。

讀音為 baka～n）的用法。（笑）

可是，一旦把「笨蛋」寫成文字，如何呢？在只能以表音文字來書寫的文化圈的話，全部都寫成相同的形式。但日文的「笨蛋」如果都要以羅馬字來標記書寫的話，就變成了 BAKA 這個單一形式，沒有變化，那可是很傷腦筋呢！

「笨蛋」這個詞，如果寫成日文的話，則還有選擇的餘地。包括寫成平假名「ばか」、片假名「バカ」，寫成漢字，則有「馬鹿」和「莫迦」（讀音皆為 baka），我想，日文大致就這四種寫法。漢字標記的兩種寫法「馬鹿」和「莫迦」都是外來語的假借字。說日文之所以假借「馬鹿」，是因為有人指鹿為馬[29]，所以他是笨蛋（馬鹿）。至於「莫迦」[30]，則是梵文的標記方式之一。有人說，這是僧侶之間使用的隱語行話。雖然眾說紛紜，但事實如何我們並不清楚。當然，反正無論寫成哪一種形式，「笨蛋」還是「笨蛋」。

在小說中寫這個詞，就費神多了。最普遍的寫法，一般或許是寫成漢字「馬鹿」，可是，寫成「馬鹿」的話，就如我在演講的前半段所說，漢字「馬」的形象和「鹿」的形象太鮮明了，無論如何這種形象都會如影隨形，緊跟在字背後。若是寫成「莫迦」的情況，則不可否認地，意象太強烈，似乎多了一點佛教的味道，或是跟印度有關的什麼德行之類的感覺。（笑）這種寫法，不適合用在形容小孩子吵架，或者耳邊甜言蜜語的狀況吧。既然如此，那麼只要寫成平假名或片假名，就萬無一失了嗎？倒也未必。

這也就是為什麼分別寫成不同的「笨——蛋」、「笨蛋っ！」或是「笨～蛋～～」，可是，看不懂的人，還是看不懂！雖然我們認為，大致上從文章前後句子的脈絡，應該能明白這些詞句所要表達的意思，可就是有人無法領會。甚至有讀者讀到「女人以撒嬌的聲音，嬌嗔地說『笨蛋』後，便靠在男人身上。」這段描述，竟然會不解，「是在搞什麼嘛？在這個節骨眼，為什麼這女人竟罵起男人來？」可見，

29 日文ばか可以表示笨蛋、傻瓜、白痴，基本上有四種寫法：ばか、バカ、馬鹿、莫迦。其中漢字「馬鹿」，是借用中國歷史的成語典故「指鹿為馬」而來的假借詞。指鹿為馬的典故，出自漢朝《新語・辨惑》，將鹿指稱為馬，藉以展現自己的權威。衍伸比喻為故意顛倒是非黑白之意。到了日文的「馬鹿」音義都已改變。

30 日文中的「莫迦」是將梵文表無知、愚痴的詞用漢字音譯而成。與「馬鹿」一樣，這類日文中的假借詞，意義及發音皆與原來不同。

光是「馬鹿」一詞，已經能引來很多不同的意象和想像了。

但另一方面，與日文的「馬鹿」相反的詞，日文「利口」，表示聰明和伶牙俐齒，但這個詞缺乏意象，引不出什麼想像來。而且，「利口」這個詞用到的機會本來就比較少。「利口」的筆劃太少，從「利口」這兩個漢字給人的想像，大概只有「利息」和「口座」[31]，所以聯想得到的，頂多也就是銀行之類的意象。對「利口」意涵的誤解或許也比較少。

「正義」的反義詞就是「惡」嗎？

我從事這項工作已將近二十五年了，所以，受邀在人們面前講話的機會也相當多。但在邀請我的全部演講當中，有百分之九十八都希望我談論妖怪、鬼魂之類的話題。

雖然我認為自己是以推理小說家出道的，不過，跟推理小說有關的演講，這二十五年當中只有兩次。（笑）其餘的演講，幾乎都要求我只談妖怪、怪談、民俗學範圍的話題就好。

對於「妖怪」這個詞，大家接受和理解的程度也因時代不同而大異其趣。如果以今天我們所認知「妖怪」的意涵，去解讀從前文獻資料裡出現的「妖怪」這個詞，內涵是天差地別的。因此，我們必須充分了解過去的文獻在當時被人們接受的狀況，並依當時的概念去閱讀理解它。

在日常會話中，不求甚解地使用各種詞彙是沒關係的，因為彼此還是聽得懂，不過，有些人會以迥然不同的方式去理解，我們還是必須充分留意這些措辭才好。

我第一次接受中國人的採訪時，感覺到好像哪裡不對盤，雞同鴨講似的，原來，癥結出在中文「妖怪」[32]這個詞所指的對象，跟日文的用法有很微妙的差異。等我

31 表示帳號、戶頭。

搞清楚之後才明白，原來，在中文裡，「妖怪」這個詞比較接近神祕、超自然現象的存在，以日本的用法來對照，很接近明治時代後半時期的用法。我在台灣演講時也碰到類似的狀況，我心裡想，怎麼會冒出跟不明飛行物體[33]相關的提問呢？雖然如此，我還是回答說，因為幽浮還是未經確認的東西，所以我不太清楚。（笑）

我在演講的第一部分已提過，通常我們說話，一般而言，言語是無法溝通達意的，即使溝通了，也經常有被誤解的可能。因此，我們為了避免上下文被錯誤解讀，有必要運用一些巧思，在使用極可能被曲解的措辭時，必須確實加以註釋，讓對方清楚明白措辭的涵義。如果是辦不到的場合，那麼，聰明的做法則是竭盡可能避免選用易遭人誤解的詞彙。

當今的時代跟以往不同，任何的發言都會記錄下來，然後散布出去，不僅如此，還會被斷章取義，甚至編輯成不同的內容，由不得你。因此，我們對自己的任何發言都必須多加考慮，慎重考量的程度比十年前還要多數十倍、甚至數百倍才行。尤其在公開發言的場合，會需要格外謹言慎行。這一點的重要性，是優先於重視所謂的順從社會法令規範，或政治正確之類的問題。正因為人們往往做不到這一點，才會導致失言、釀成議論紛紛的話題，甚至遭人攻訐謾罵。等到事後再刪文、撤銷發言或道歉賠罪，都為時已晚。從這一層意義來看，這個時代似乎已經變得動輒得咎，不太好應付了。但是，語言本來就很容易遭受誤解和扭曲，因此，在當前的時代，只要你處在這樣的位置，就必須有相當的心理準備，語言的分歧可能導致的後果和嚴重性吧。在這個覺悟之前，先設想後果到某種程度，就是理所當然的事。如果只是因為疏忽而唸錯稿子，或唸不出某個漢字的發音，像這類輕微程度的口誤，都無傷大雅，場面氣氛還可能因此變得更熱絡、融洽，相信人們可以包涵這類小失誤。可是，一旦你連續失言或發表侮辱性的語言暴力，讓人們無法接受，那就無話可說

32《山海經》是中國最古老詭奇神話的博物誌代表，記載上古山川地理與各種鬼怪妖魔異獸，也是民俗傳說經典，最遲在奈良時代（西元八世紀）已隨頻繁的遣唐使傳入日本，對日本民俗文化和文學藝術有深遠的影響。許多日本民間傳說的妖怪原型來自中國，融合本土文化而蛻變改造，形成今天日本在小說、動漫、影像等領域豐富而具影響力的日本妖怪文化。

33世界各地不少人宣稱目擊或捕捉到飛行於天空的碟型物體，稱為UFO（Unidentified Flying Object，不明飛行物體），幽浮為UFO的音譯，又譯為飛碟。來歷不明、形跡神祕造型特別，引發多種揣測，有人推測來自外星球，官方和民間都有專門研究和檔案，或主張是超越常理和科學解釋的未確認現象，或斥為無稽之談。

了。

那樣只會讓人感覺，要嘛是你對語言很鄙視、態度很輕佻，不然，就是你對語言一無所知。

的確，無論你是選擇一個措辭，或者想換一種修辭解釋也好，如果你想有效地運用詞彙，那麼知道越豐富的詞彙是再好不過了，對你絕對有利喔！同時，或許你也應該好好想想，不假思索、脫口而出的詞彙，真的充分傳達了你想表達的意思嗎？

「正義」，是很棒的詞彙吧。在熱血漫畫裡也出現很多正義之士。特攝英雄[34]多半是站在正義這一方的人物。他對抗的敵人一般都是「惡」吧。這點沒有什麼奇怪或不合適的地方。

可是，「惡」的相反詞不是「善」嗎？

那麼，「正義」就表示「善」嗎？也不盡然。「正義」，也就是「正當的」「義」吧。「義」這個詞，如果你不了解它到底指的是什麼意思，說真的，你是不能使用

「義」這個詞的。不是讓你嚷嚷「這世上才沒有正義這種東西！」，裝腔作勢就能了事的。能確切回答到底「正義」為何物的人，還真寥寥無幾。

現在的人大概已不讀瀧澤馬琴這類作家的書了吧，不過他有一本著作《南總里見八犬傳》[35]，書裡出現手持奇特念珠的八位劍客，每個人拿著會浮現文字的念珠，上面出現仁、義、禮、智、忠、信、孝、悌這八個尊貴高尚的文字。「義」與「孝」、「忠」、「禮」等等，都是構成儒家思想的基礎。

一談起「義」，就會沒完沒了。在儒家思想中，對「義」有很廣泛的詮釋；在日本，對「義」的理解似乎又有些不同。只不過，在日本的武家社會中，「義」被

34 特攝指的是以特殊攝影加上特殊技術所拍攝的技術（Special effects，簡稱SFX）和類型作品，如著名的怪獸《哥吉拉》之類科幻、奇幻題材的影片，故事主角即特攝英雄，多以服飾裝置等特殊造型出場保護眾人，如《假面騎士》即是。

35 讀本是日本江戶時代的小說類型，初期是以中國白話小說的故事為基礎翻譯改寫的翻案小說。日本江戶時代通俗奇幻小說《南總里見八犬傳》，常簡稱為《八犬傳》，瀧澤馬琴的代表作，是日本最長的長篇傳奇小說，依照中國章回小說《水滸傳》形式，寫成一百八十章回，耗費二十八年，最終卷完成於一八四二年，當時他已失明三年。書中的八位主角姓氏皆有犬字，故稱八犬，此八位武士名字分別有仁、義、禮、智、忠、信、孝、悌等字。

視為相當重要的思想。無論怎麼說，能夠正確地行「義」，那麼就是「正義」。簡而言之，如果不先明確界定「義」這個字的意思，則「正義」就是毫無意義的詞彙。當然，「正義」的相反詞是「不義」，也就是「非義」，不合乎道義的意思。然而，「站在正義這一方的人」，並非代表「正義」本身，而是指「站在正確行義之人這一方的人」。不過，這一類人多半帶有一點暴力傾向，所以也不一定就是好人啊。

那麼，「惡」又如何呢?基本上，這個字眼給人的感覺就是「不好」，因為就是「惡劣」，對吧。不過，「惡」也有「非常」、「不得了」的意思。如果寫成「邪惡」，這個詞本身就有表示不正當的「邪」字,所以比較容易理解,但光是一個「惡」字，那就未必指「不義」嘍。

儘管沒有人去質疑「正義」所對比的是「惡」的這種結構有何不妥，但是，把「正義」與「惡」當成相對詞來理解，這種做法難道就恰當嗎?「正義」，到底是什麼呢?說不定為了要粗暴地一刀切開「好壞」，於是「正義」就變成了方便好用的法寶利器，不是嗎?

「神」這個字所象徵的

與「神」相對立的「惡魔」這個詞，又如何呢？

在基督教裡，惡魔是「神的對立者」，因此，這種對比沒有錯。

可是，由於基督教是一神教，所以，「神」是絕對的、獨一無二。雖然我們稱惡魔為神的對立者，但惡魔的地位，與神並非對等。或者，不如說，我們應思考的是，這個惡魔還是神所賜予的存在呢！如此，則惡魔變成了「神」的一部分，於是，把惡魔視為神的對抗者，也就變得極不恰當了。況且，這個惡魔還一下子就弱爆了。如果惡魔的力量不夠強悍，則神的權威也無法提升。為了扮演這個既困擾又棘手的角色而被創造出來的，正是惡魔。雖然不久之後其他宗教的神祇也被惡魔所脅迫。

不過，當我們說一個人「是惡魔般的傢伙」時，絕不表示那個人「猶如基督教神之對立者的傢伙」。因為，超越宗教派別的「絕對的惡」早已假設好了。

近年來，由於各種影片、動畫和遊戲很流行異世界生物的題材，因此，我們有很多機會看到「惡魔」、「妖精」之類的用語，可是，這些究竟又是如何呢？

當我們比喻很可愛的物體，我們會說，「像妖精一樣」呢。在你們出生以前，有一位叫柯曼妮奇[36]的體操選手，在奧運會比賽出場時，被人們稱為「白色妖精」，想必是真的很可愛吧。不過現狀是，目前「妖精」和「妖怪」在使用上已沒有多大區別了。被翻譯成「妖精」的對象中有八成左右都不可愛。（笑）像是哥布林、或山妖巨獸……之類的，如果拿今天的標準來看，都是醜八怪的怪物妖怪啊！雖然妖精、小精靈[37]還滿討人喜歡，但也並非全部都是可愛的形象。這一點，簡單講，是日文翻譯出了問題。正因為日文把這些不同的生物一律翻譯成「妖精」的緣故啊。

就連惡魔的對立者「神」也是用同樣的方式處理。「神」這個詞到底所指何物，真的有人了解嗎？我們常說「神對應」，與這個詞意義相反的詞是「鹽對應」[38]。

那這麼說，「神」的相對詞，應該就是「鹽」嘍？（笑）說不定信仰虔誠的基督徒會很生氣地說，在那種場合，不可以亂用「神」這麼神聖的字——可是，「神」這個字，又不是單單指基督教的神啊！

在日本，大家都知道，有「八百萬眾神」[39]的說法。一般我們所熟知的是《古事記》和《日本書紀》這些古文獻裡記載的神。但日本的神明並非只出現在記紀神話[40]裡的神祇而已。

日本的神明是更土生土長的在地神明呢！這些神明寄宿在包羅萬象的事物裡，

36 柯曼妮奇（Nadia Com neci, 1961- ），出生於羅馬尼亞，一九七六年在十四歲時參加蒙特婁國際奧運會，成為史上首位女子體操滿分十分的女子體操運動員，被稱為「白色妖精」。職業生涯共獲得五面奧運金牌，有「體操皇后」美譽。

37 哥布林（Goblin）是西方傳說奇幻神話的類人生物，大尖耳與鷹勾鼻長相的邪惡鬼精靈。山怪（Troll）最初是北歐神話的食人山妖巨獸。妖精（fairy）源自西方神話，體型嬌小，類似人類而具有超自然能力，又稱小精靈或小仙女，又可指稱哥布林、地精等鬼怪生物。

38 「神對應」指服務非常周到，積極應對要求，體貼入微，令人嫉妒滿意，在企業界是最佳服務的評價。「鹽對應」則是指在言詞或態度上對人愛理不理、冷淡以對。

39 八百萬眾神，在日文裡，「八百」是形容種類繁多。日本的傳統信仰是泛靈論，認為萬事萬物皆蘊含了神靈，故稱八百萬眾神。

40 指的是《古事記》和《日本書紀》所記載的神話故事。

以萬物有靈論[41]為信仰的中樞，在這之上端坐著更高位階的記紀神話的神祇。

然而，基督教的神，只有一位，也就是「一柱」[42]，因此，沒有區分各種神的必要，不像記紀神話裡的眾神或佛教裡的佛那樣，每一個都必須有一個名字。而基督教的神，姑且寫成 Jehovah[43]，漢字寫成耶和華，雖然這個名字以片假名寫成ヤハウェ或エホバ（前者讀音近似 yahweh，後者讀音為 ehoba）。但在基督教和猶太教裡的神，因為是唯一的神，絕對不可直呼唯一神的名字。所以，神的名字真的是無法唸出來的！那麼，不以名字而是依屬性來稱呼的話呢？是否就是 God 上帝呢？可是，在日本並沒有明確對應 God 的詞彙。這下子，該用什麼字眼來充當才好呢？這些難題讓明治時代的人們想破頭、絞盡腦汁，從「天主」為首，人們費盡心思，嘗試翻譯成各種稱呼，卻都沒有固定下來，結果，更確切地說，漸漸地，到最後演變成採用「神」這個稱呼，並一直沿用到現在。

基督教的神與日本的神，是格格不入的。把多神教的神與一神教的神一律通稱為「神」，是否妥當？這個問題直到現在都沒有解決。但我們通通都用一個字「神」

來表示。不過，透過以同一種詞彙來表達，有時會因此使得不同的物象彼此融合了，這也不是多麼稀奇的事。

實際上，雖然我們不知道「神」究竟是什麼，但「神」的存在正在形成中。日本的神原先並沒有形象。神社中的「御神體」[44]，有神鏡、璧玉，不然就是石頭神、山或海之類的物體，並沒有具體的神像。日本的神當中固然也有幾尊具體的神像，不過，那些是模仿佛像的，所以擁有人的形貌。有的神像是和尚的裝扮，有的則是看上去有點威嚴架勢的「公家」[45]朝臣貴族的裝扮。如果人成為了神，那也很好，但原本其實並非如此。

41 萬物有靈論（animism）又稱泛靈論，認為宇宙萬物皆有靈性或有神力依附其中。

42 一柱，柱子為計數神佛的單位量詞，《古書記》出現有一柱神、三柱神等用語。神乃獨一無二，這是基督教的教義，故在此稱一神教的基督教神為一柱神。

43 Jehovah，中文譯為耶和華，本書裡對耶和華的兩種片假名的譯法都源自希伯來文。猶太人傳統敬畏耶和華，避諱直呼其名而改稱為「主」。基督教傳入中國，歷史上有從七世紀稱之為「天尊」到明代稱之為「上帝」及後來的「神」等稱呼。不同稱謂也伴隨西方宗教派別的各種定義和爭論。

44 御神體，指日本神道中的神明所寄宿的物體，從樹木、鏡子到山川、河海等大自然，都能成為人們頂禮膜拜的對象。

45 公家，原指天皇或朝廷，後泛指為天皇與朝廷工作的王公貴族。以武力效勞朝廷的武士則被稱為「武家」。

基督教的神也沒有具體的尊容。本來，基督教就是連名字都不准稱呼的宗教，不給人看見祂，自然也是想當然耳的事。偶像崇拜是不允許的。受難的那一位，並不是神，而是神的兒子耶穌。

在任何情況下，「神」，都是非常概念性的觀念存在。可是，當我們說：「各位，請你們畫出神的圖像來。」這時候，絕大多數人描繪的模樣，是頭上飄著一輪光環，身穿一襲白色寬鬆長袍，臉上蓄了長鬍鬚、看起來和藹可親，拄著拐杖的老人吧。世界上沒有那樣的神。留著白鬍鬚的老先生，竟然會是神，這種事可是史無前例。到底是哪裡來的神啊？（笑）中國的神仙和希臘神話故事裡的眾神，有很多也留著鬍子。宙斯就留了很長的鬍鬚，所以，人們當然就會畫出那種樣貌的神像嘍！

然而，種種容貌的眾神儼然是各不相同的。可是，祂們不僅全部都歸類到一個字「神」的範圍中，而且，所有的神都被統一在這個字裡面，甚至還形成了最大公約數的神的形象出來。這很驚人呢！如果從信仰虔誠的信徒立場來看，這種製造神像的做法，簡直就是褻瀆神啊！然而，果真有這種事，光憑語言就足以使語言所指稱的對象變質！

方便但危險的詞「愛」

有很多語詞，我們僅憑印象就拿來用，卻沒有什麼可靠的理由或根據。現在所提的「神」就是很好的例子。我想，這次主辦單位應該有事先發問卷給參加演講的觀眾，詢問各位「你認為危險的詞有哪些？」。話說回來，其實語言全部都很危險啊！

有一個字是「愛」，這是很好的詞，對吧。人們常常動不動就下結論說，都是因為缺乏愛，因為沒有愛等等，好像認為只要擁有愛，就能解決大部分的問題了。不僅如此，而且愛還每年救地球一次呢！（笑）

在今天的日本，沒有一個人會把「愛」當成不好的語詞來使用。大家幾乎是百分之百以正面意義來用「愛」這個字。但這麼做真的妥當嗎？

「愛」這個漢字的結構可以分成三個部分。首先，愛字的中間有一顆「心」，對吧。愛字的下方則是「足」。愛字的上方，是由一撇、點點等幾筆劃構成像寶蓋的王冠形狀，那是「停下來回頭看」的象形文字，明白了嗎？

「愛」，以佛教的觀點來說，就是「執迷」和「迷戀」。夫妻之愛則是對伴侶的執迷和迷戀。家族之愛，是對家人的執迷和迷戀。愛國心，則是對國家的執迷與迷戀。在佛教裡，則勸服大家應該拋開所有的執迷和依戀不捨。「我喜歡你」，就意味著「我對你執迷而癡戀」。這種感情會讓人感覺很不舒服吧。差不多等同跟蹤狂！換句話說，「愛」絕對不再是多麼好的字眼了。

不過，請你們仔細想一想，執迷和依戀著自己所喜愛的人和家人，這是理所當然、天經地義的事。可不是嗎？家人很重要啊！但也不盡然，你們當中，說不定就有人很討厭自己的家族成員，有的人或許正因為家中有所謂的毒性父母，而深受困擾。有的人或許在兄弟姊妹之間關係很惡劣，都說不定。但這些其實是同一件事。

因為，愛與恨，都屬於執迷啊。再說，這也不是血緣的問題。

我們對於生活在一起的人、經常在一起的夥伴、朋友和寵物會有所依戀和執迷，這是理所當然，人之常情。雖然這種感情被蒙蔽在「愛」這個字底下，但事實上，依然是執迷依戀的情感，只不過是換一種美麗的詞藻來表達罷了。

當人們使用起「愛」這個字眼時，大多是用來矇騙、故弄玄虛，相當方便好用。

那麼，在理解了使用「愛」這個詞的用意之後，我們來思考看看，「用愛救地球」[46]這句矚目的金句標語吧。不用思考，它是很容易理解的一句話，但我們還是仔細思考一下吧。

首先，為什麼必須拯救地球？因為地球的資源有限，由於大量的砍伐森林和開採資源，造成地球越來越貧瘠，而且，還導致嚴重的環境汙染。地球被不斷地啃噬侵蝕的情況下，已瀕臨死亡的絕境了。然而，這一切惡形惡狀，都是人類幹的好事！

46公「用愛救地球」是一項慈善募款電視節目的口號，從一九七八年起，日本電視台每年八月底的週末至週日，舉行連續二十四小時不間斷的慈善演出，包括馬拉松挑戰、關懷弱勢、募款等，由日本各界甚至世界各地共襄盛舉表演，在日本是家喻戶曉的夏日盛事活動。

人類為了生存下去，一直都在破壞地球。如果人們真心想要拯救地球的話，只要停止這些勾當就行了。如果人們真的是對地球本身有所「執迷依戀與不捨」的話，那麼，可取的做法是把人類毀滅才對呀。等等，退一步想，人類畢竟也是地球的一部分嘛。

所以，口號跟現實其實是兩回事。因為，他們標榜的並非「愛地球」，而是「用愛救地球」。於是，就變成了是「執迷依戀」拯救地球。但不對啊，執迷和依戀怎麼可能拯救得了地球呢？（笑）

那麼，這個「愛」，究竟是針對什麼的「愛」呢？在「用愛救地球」這個響亮的口號中舉行的一連串活動，盡是充滿了人道精神和對於人類的「愛」。

是的，愛的不是地球，而是人類自己。取名「地球」，其實只是為了維護公平性，而將住在地球上的人類全體從這層意義上統稱為「地球」。如果以很露骨而赤裸裸的說法來講，那麼這個慈善活動，其實變質成人類本身為了能延長自己性命活下去，或者說，是人類為了過富裕的生活，而想盡辦法將地球資源盡可能地延長得更持久，哪怕是多一天、多一分一秒都好，只為了能繼續吸取地球這個人類母親的養分，而企圖延長母親生命的一場活動。

但是，透過使用「愛」這個字，就讓人們感覺這場慈善活動真的是很純潔崇高的美事呢！這就是語言的魔術。「愛」是很危險的。

我最初就說，自己的感受一旦用語言代換了，那個語詞所表意義以外的感受全部都被捨棄了。於是，就會把那個語詞擁有的其他要素圍起來，無法外溢。當我們一旦使用「愛」這一個字，在那當下，全部的感受隨即被代換成了「愛」。又因為「愛」是容易營造氣氛、聽起來響亮的措辭，相當好用又朗朗上口，能廣泛地運用在各種場合。可是，濫用這個字，這樣真的好嗎？

日語中有很豐富的語詞，例如「慈しむ」（慈愛）、「情けをかける」（同情）、「可愛がる」（疼愛）、「大事にする」（愛護）、「好き」[47]（喜愛）……適用

---

47 前述五個日語詞彙，讀音依序為 itsukushimu、nasake o kakeru、kawai garu、dai jini suru、suki。

於表達各種情境的語彙可多的是呢！沒有必要非挑選「愛」這個字不可。我們好好地挑選用語措辭吧，別再隨便拿一個「愛」字就想敷衍了事。「我愛你」這句話，只告訴你正在穩定交往的對象就好。只有在小說或動畫的世界裡，才可以向世界大聲呼喊愛。物理學上的宇宙中心在哪裡，似乎無所謂，因為，無論在哪裡，你就是世界的中心。愛不是用來呼喊，而是在耳畔輕聲細語的。

近來，甚至連不道德的惡靈、怪誕奇異的生物都認為，只要以愛對待就能有什麼改變！用愛對惡靈說教是不可能成佛的！對方可是冥頑不靈啊！附帶一提，像《般若波羅蜜多心經》，了不起的覺悟者也只是說這樣很偉大喲之類的話，（笑）就算咕噥低聲地唸佛誦經，幽靈鬼怪沒有理由就乖乖溜走。更何況沒辦法用愛來溝通。

「愛」之類的詞藻已經被濫用了，因而導致很多日文詞彙正走向消失滅亡之路。我們換其他的語詞來表達吧。或許不同的措辭更能傳達意思呢！而且，說不定你所選的其他字眼還更接近你自身的真實感受呢！

有多少詞彙，就能創造出多少大千世界

例如「絆」（讀音 kizuna）這個字，哼！（笑）很抱歉！我對這個字嗤之以鼻。絆、牽絆，很重要，是吧。只要彼此之間有牽絆，相繫在一起，就大致能度過難關，是吧。然而，表達牽絆和羈絆的「絆」字，原本的意思指的可是繫在牛或馬身上的套索，好用來勒住牛馬，控制行動的粗壯韁繩！也是指防止狗逃走而套在狗脖子上的項圈、狗鏈子。「絆」，只是束縛行動的腳銬枷鎖罷了。「絆」這個字，雖然現在多半用於正面肯定的涵義，但還是有負面意思的用法[48]。我認為，凡事都結束在「絆」當中，靠這個字打發一切，也是相當危險的事。

然後，還有「夢」這個字。果不其然，我們會認為「夢」這個字是好棒棒的字，對吧。「夢想遠大」、「勿丟掉夢想」，以及「不該放棄夢想」這些豪言壯語，不

48 在中文用詞裡，除上述「絆」的本義，「牽絆」之外，「羈絆」及「絆腳石」等都是負面意涵，表示阻礙行走、牽制的詞彙。

是人人都掛在嘴邊嗎？

可是，夢想是絕對無法兌現的。（笑）在夢想成真的一剎那，夢想就不再是夢想了。大家是否忘了這一點呢？「中了彩券，就能交到英俊有為的男朋友。如夢一般！」「如」夢「一般」。因為是「如……一般」，所以它並不是夢本身，而是現實。實現了的夢想，全部都不是夢想。如果這是通過努力所實現，那麼這個叫做「目標」。但要是你打的如意算盤，是從天上掉下來那樣好運當頭、不勞而獲，那個叫做「妄想」！

夢，在你睡覺的時候看見就好了嘛。「夢」這個字，日文又可以唸成「くらい」（讀音是**kurai**，意思是昏暗的）[49]。夢這個字的中間是一個「目」字，上方是「草」，下方則是「月」。在光線黯淡、昏暗看不清的夜裡看見的，正是夢。

設定能力所及的目標，並朝著這個目標邁進完成，這是非常棒的事情。可是，一旦你們把這個目標視為「夢想」，這麼做只是貶低夢想罷了！因為如此，當你們達成目標時，就走到盡頭了，再也走不下去了。所謂「夢想已實現」，那就沒有後路了嘛。如果要懷抱夢想，就應該懷抱絕對無法實現的夢想才對。不然，是沒辦法堅持下去的。

那意味著，當夢想一一實現了，也就是你們失去了一個又一個夢想喔！首先，你們應該要懷抱大概實現不了的夢想，像是世界和平啦、征服宇宙之類的夢想，在夜裡做著這類大夢就夠了。而現實的生活中，我們必須持有的，是可以踏踏實實達成的目標。我認為，把這樣的目標當成「夢想」啦、「希望」啦，用這種方式來美化目標，是非常危險的事。

憑著「愛」、「夢想」和「牽絆」所成就的人生，究竟是怎樣的人生啊？那是糾纏在執迷、依戀和昏暗不明當中的人生喔！（笑）這套障眼法般的說法，不僅話裡沒有具體的對象，而且是由想像和抽象牽著鼻子走，這種空洞虛無縹緲的話，用來迷惑人、讓人眼花繚亂是最適合不過了！光是一個字，單單「愛」這個字，就遮

49「夢」，日文平假名寫成「ゆめ」，讀音為yume。

蔽了多少日文詞彙啊？

更何況，表達時透過盡量不使用這類詞彙，又可以認識多麼豐富的詞彙，而培養出用字遣詞的能力！我們就嘗試改用不同的措辭來表達吧！我們重新去懷疑那些用概括籠統的方式打包成看似不錯的語詞吧！盡量去懷疑，那些一聽到就囫圇吞棗、照單全收的語詞，以及那些動聽悅耳但常常以假亂真的話吧！我們不只在聽的時候應該去懷疑，在我們用這些措辭時，也應該好好地懷疑！不要輕易地拿「愛」呀、「夢」啊這些字眼來說、寫，去找其他可能的詞彙吧！如果沒有你想代換的另一種說法，那麼再試著去找找看！辭典裡寫著幾萬個字、幾十萬個字詞。只要你能掌握這些詞彙，你就能讓自己的人生變得更豐富。有多少詞彙，就能創造出多少世界。當你滿腹珠璣，駕馭詞藻和修辭能力就越強，運用越自如，將會使你的人生變得多麼精彩豐富，這是無法衡量計算的！

「整理整頓」是人生的第一要務

當你對醫生描述症狀時，只說一句「肚子痛」，是無法讓人明白究竟怎麼回事。如果你能清楚表達，在身體哪一個部位，從什麼時候開始痛，讓你感覺到如何的痛感，說得越詳細，那麼，越有可能盡快獲得妥當的治療。

同理可證。只要增加你所認識詞彙的數量，透過各種排列組合的措辭，不僅溝通會越來越容易，你的表達方式、你所見所聞的世界也都會越來越寬廣。

然而，這並不表示只要你知道的詞彙量越多就萬事足了。

整理整頓是很重要的事啊！人生中最要緊的，莫過於「整理整頓」這件事了。

也許你們心裡想：「這個老頭，在講什麼啊？」不過，客觀上這點確實很重要。

有的人房間很髒亂。有這種人吧，不會收拾東西的人。有的人桌子抽屜裡面東西放得亂七八糟。有的人電腦桌布到處散亂掛著一堆無關緊要的檔案圖示。有的人一打開房間的衣櫃，裡面塞滿了捲成一團的衣服。我的意思並不是說這些很不可取。

那些都無所謂。只要你們並沒有因此而困擾，那就表示你們已做到了整理的狀態。只要自己很清楚什麼東西放在什麼位置，那麼，就是符合自己方式的整理。「我，是一個不會整理的女生。」或者，「整理東西，我最不在行了。」可沒這回事！你們平常的生活不也這樣過得好好的嗎？因為，即便是亂得一塌糊塗的房間，即便是不懂怎麼收拾東西的人，甚至是社會上常說雜物囤積得像垃圾場的房間，只要他能在那樣的環境裡面生活，那麼，他應該很清楚自己生活所需的什麼用品放在什麼位置。如果是這樣的話，則這些東西都算是保持在已「整理」的狀態。對這種人來說，他沒有完成的是「整頓」或「清掃」。

「整理」與「整頓」不同。有相當多的人完成了「整頓」這個步驟，卻沒有做到「整理」這一步。「這間房間很乾淨呢！很整齊清爽啊！」物品都放得整整齊齊到被人稱讚、欽佩的程度，可是，自己卻不知道哪個物品擺在哪裡。有需要用到某件物品時，不翻箱倒櫃找，東西就不會冒出來。白白費了好大的勁，把東西整頓一番才變得這麼整齊，於是，要把東西取出來，還得再花一點時間！這種經驗，你們沒經歷過嗎？

如果整理和整頓能合為一套來執行是最好不過了。如果兩者必須排出優先順序的話，那麼首先是整理。只要做到了整理這個步驟，即使沒有完成整頓，也不會有什麼困擾。整頓好感覺不錯，只是外觀的印象罷了！不過，的確，物品經過整頓後的狀態，還是比較容易取用和收納。換句話說，也就是更方便於存取和獲得資訊。而且，物品取出來，只要使用後把東西放回原本的地方，就恢復取出前的狀態了。可是，偏偏有很多人不會物歸原位啊！從書架上取出的書，讀了一半就擱著，到後來都忘了，然後，又從家裡一堆還沒讀過的書堆抽出一本來讀，兩邊的書就這樣一直擱著，不收起來，等到察覺時，才發現新買的書已把書架的縫隙都塞滿了。你們沒有這樣的經驗嗎？東西拿出來以後，記得用完要物歸原位，這是很容易辦到的事。

然後，只要整頓好了，清理打掃起來就容易多了。這樣，房間也就不太容易變髒亂。乾淨又整潔。

整理、整頓、清潔打掃，這三項工作如果能合成一整套全部執行，是再好不過了。只是，整理應該列為優先事項。

我從剛才一直講整理、整理，這麼一來，大概有人想要扔掉一些東西吧。有人會認為，只要是不需要的，扔了就好了嘛，就如同公司精簡人事，裁員時的做法那樣。這種想法可是大錯特錯！整理，可不是指扔掉東西哦！

我們都聽過「斷捨離」這句話，聽起來好像是佛教用語，但其實並不是我們以為的那麼一回事！這是某個人創造的新詞。意思就是，管他三七二十一，先扔掉再說。為了丟棄而仔細斟酌玩味準備要丟的物品，而且充分發揮捨棄的訣竅，把物品一件一件捨棄、扔掉。但這樣不對，以為把物品扔掉就沒事了，這叫做放棄思考。既然為了捨棄物品你都肯花時間去動腦筋了，那還不如用腦子想一想，有什麼法子能把物品整理好，又不必扔掉它。只要不買不需要的物品就好了！這樣，你買來的用品，就大致是必要的用品了！有人大概會說：「這確實是我生活必要的用品，都是因為空間不夠放，只好斷捨離。」事實不然，你只要費一點點心思和工夫，就能把問題解決了。只要確實做到整理和整頓，再多的東西都能收納好。我就是活生生的範例。

我在六張榻榻米大小的空間[50]收納了非常多書。把書籍全部攤開來，差不多可以鋪滿一座體育館。雖然這麼小的地方塞了那麼多本書，但我還是能在這樣的空間生活。（笑）搬家的時候，專門的搬家公司人員來家裡，幫我估價搬家所需的費用。搬家當天，搬運工人把書一本一本裝進紙箱裡，結果，冊數多到裝不進去！

後來，追加了九十箱紙箱，搬運工人則追加了十一人。（笑）「從哪裡看，怎麼能塞進這麼多書？」可把他們都嚇了一跳。我看他們累得實在有點可憐，於是說：「我看，還是多貼一點費用吧？」對方卻回應：「我們幹這行，也是專業的，按照原先的估價，就行了。」哎呀，我喜歡有高度專業意識的人。

50 在日本，關西地區榻榻米的規格比關東的大，兩張榻榻米的面積約為一坪，六張榻榻米鋪設成的空間則大約是三坪。

只要物品都整理整頓好，其實物品並不需要扔掉。更精確地說，甚至連東西要不要扔，都不必考慮。因為，當物品壞了，再也不能用了，到那時候就自然會把東西扔了！更何況，一件物品能不能收納起來，也是馬上就會知道的事。如果一件物品放不進空間裡，那就不買了，犯不著把需要使用的物品都丟棄啊。要是有那個閒工夫花腦筋去煩惱東西是不是必要，還不如花時間在收納方面吧。當初就是因為有需要，你才把東西買下來的嘛；或是因為很想擁有它，所以就買了；或是因為希望能隨身攜帶、希望手頭上有這件物品，於是買下，手邊就有了它。與其動腦筋在抉擇取捨丟棄的物品上，還是花腦筋想想該怎麼做，才能既保留物品在自己身邊，又能把它放置妥當吧。只要肯動動腦，總會有辦法。不如說，喜歡斷捨離的人，很多都是愛買全新物品的人呢！

其中有些人甚至連考慮都不考慮就把東西全部扔了。藉口說，因為——身邊一旦放著這些東西，就會產生對物品的執念、執迷和依戀不捨，要斬斷這種執念和執迷，最好捨棄全部的物品。沒有物品，就不會有執念、執迷了。

的確是，執念和執迷都應該捨棄。沒有愛，比較好。可是，果真如此嗎？雖然種種主張的理由是「身邊不擺放任何物品，這種生活方式很清爽舒適，過起來很舒服」。但這種心理，執著於非得要透過物理性的方式，才讓物品從眼前消失，否則自己就無法感到舒暢、神清氣爽，難道就不是另一種執迷嗎？這種執迷，跟東西有無是沒有關係的。

同樣地，腦子裡的東西也應該要整理整頓。不對，應該說，該好好整理整頓一番的，正是腦袋瓜裡面。因為，整頓表示打理得整整齊齊，所以，整頓的活動中，會伴隨著物理性的作業程序。至於整理，則是屬於概念的問題哦。為什麼有的人房間的東西放得亂七八糟，但他對於東西擺放的位置都一清二楚，原因就在於做到了「概念上的整理」。腦中的東西也是相同的道理。哪裡放了什麼詞彙，放了多少詞彙……諸如此類的概念。只要你們自己能確實掌握這些概念，則應對任何事情都能派上用場。不過，如果你們只是記住多少算多少，這樣子去記詞彙，卻不管它，不加以整理整頓的話，等到緊急需要的時刻，詞彙是用不上的。

無論是你們跟朋友聊天的時候，或是當你們發簡訊、發電子郵件的時候，當你們撰寫小論文的時候，當你們跟老師認錯的時候，跟老師頂嘴的時候，跟爸媽發牢騷的時候，撒嬌的時候，告白的時候……都一樣，認識的詞彙量越多就越方便。越容易傳達給對方的話當然是越好，這是想當然耳。同時，我們也不希望自己的話被人誤解，像網路引起軒然大波的失言論戰那樣。因此，認識累積詞彙的數量是多多益善。

有多少本書就有多少人生

該怎麼做，才能認識更豐富的詞彙呢？

其實並不難。多多閱讀吧。今天，大家坐在這裡，這個地方是在日本屈指可數、領先業界的出版社大樓裡面，因此，有必要禮貌性地說一下客套話。（笑）

但說來，讀書還是最快、最直截了當的方式。而且又有趣。簡單地講，就是——你們最好去讀別人寫的文章，漫畫書也不錯喲，看到一半不看了，也行。重要的是，不管是什麼，先拿來讀一讀，翻看看再說。只是，如果你們閱讀的內容都傾向於同一類型，很可能書裡面出現的盡是相同的詞彙。所以，你們要想辦法去廣泛閱讀、接觸形形色色類型的書吧！要是你們看了感覺無聊，不看就好了嘛！

老實說，這世界上沒有一本書是無趣的喲！發表言論的人，雖然多半只能傳達出欠缺不全的資訊內容，但是接收訊息的這一方，無論如何都有辦法去解讀它，因為接收者連過度解讀都有辦法做到。所以，當我們讀一本書，感覺書的內容很無趣的時候，我們應該試著這麼想吧：錯不在書本，問題出在自己身上，竟然無法讓自己讀得津津有味，樂在其中！

這可不是拍出版社馬屁，而是我個人的經驗談。有一部電影，是我時常用來舉的例，不過，你們的年紀都還只是十幾歲，我想你們大概不知道這部片子。很多年前，有一位水野晴郎先生，是電影評論家。你們的爸爸媽媽可能都知道這號人物吧。這個人呢，把自己的興趣發揮到了極致，他拍了《西伯利亞超特急》，很特別的電影喔！特別到會讓人嚇一跳的趣味——無感的無聊電影。（笑）可是呢，這部《西伯利亞超特急》竟然拍了第二、第三和第五的續集，而第四部是搬上舞台的戲劇，第六部續集已在預定拍攝製作中。我那時就想——為什麼這個作品能連拍那麼多續集呢？想必有廣大的觀眾喜歡這部影片，準沒錯——於是，我對自己無法從觀賞《西伯利亞超特急》中自得其樂，而深深感到慚愧不已。於是，我又觀賞了這部影片的錄影帶，直到我感覺有趣為止。看了第二遍、第三遍……都不覺得有什麼趣味。可是，當我一看再看，看了很多次，忽然間，我發覺，「咦，這個有意思！」從此以後，我才感受到這部影片還有一點趣味，於是觀賞了全部的系列作品。光碟播放器也買了，甚至連舞台版的戲劇光碟片都買下來了！很有趣，即使現在重看，我還是覺得津津有味。我費了一番工夫，終於讓我掌握到欣賞《西伯利亞超特急》電影風格的趣味所在。

電影作品也好，動畫片也好，電視節目或書本也好，假如沒有兩個人以上覺得作品內容有趣，那麼作品是不會推出的。

即便作者自己感覺「我寫的這個還滿有意思的，您參考看看……」，只要編輯認為「很無趣」，則書本不會發行。就算編輯說，「這部作品可以推」，要是出版部門統籌的長官回說：「不行！會賣不出去！」那麼，一部作品還是不可能出版問世。一本書直到出版發行之前的過程中，一定會經過好幾個人閱讀，至少包括作者、編輯等幾個人都覺得內容挺有意思的，一本書才會被推出來。

這點，我認為，意味著世界上至少有兩個人賞識，覺得作品內容有趣。這麼一來，當你讀了那本書，卻認為內容很無趣，這就表示，你本身缺乏那兩人所擁有欣賞該本書的感性。

有的人不能吃某些原料做成的食物。對甲殼類海鮮過敏的人就不能吃螃蟹。有蕎麥過敏症的人不能吃蕎麥麵。這麼美味的食物，卻有人無福享受，真是可憐，讓人忍不住同情起來。而另一方面，有的人並非對什麼特定的東西過敏，都不是，而是很挑食，這個那個拒吃，味道很討厭啦、口感不喜歡啦，所以就不吃。不敢吃魚類的人，不吃壽司。黑鮪魚也好、生魚片也好、燒烤的魚、烹煮的魚……通通都不敢吃。這實在是不幸的事！人的一生，味道鮮美可口的壽司一次都沒嚐過，就這樣過了一生，也太沒口福了。為了大快朵頤，品味山珍美味的真髓，如果克服得了挑食習慣的話，最好想辦法克服啊！

也有人對看書很不在行，不太喜歡碰書本。打從心裡就對紙張、墨水過敏、排斥的人，原本就對這些敬而遠之，所以，他們根本連說喜歡或討厭書本的閒工夫都沒有，除此以外，其他人則是無緣無故對書本很感冒的挑食者。

如果你們有意讓自己好好欣賞玩味書中的樂趣，那麼，欣賞玩味的心態很重要。否則，本來很有趣的書也會變得索然無味了。原先以為單調枯燥的書，只要仔細閱讀，走進書本的世界裡，你們照樣也能樂在其中。這一切關鍵在於閱讀的人抱持的感覺和心態。

當你們慢慢琢磨培養出對語言靈敏的感性，領略字裡行間的妙趣，那麼，能讓你們欣賞而自得其樂的書籍也會慢慢增多了。

書中有另外一種人生。這個艱難困頓的人生現實之外，一個人品讀了十本書，他就走過了十種各異其趣的人生；當一個人品讀了百本書，他就走過了百樣人生。我覺得這是無比美妙的事。這一段話，是對出版社的一點工商服務。（笑）不過，我的感覺可是千真萬確喲！

為了避免做討厭的事，動動腦吧！

我的人生是這樣走過來的，所以我對事物的好惡就這麼消磨殆盡了。

不過，這樣不挑剔倒是有點味如嚼蠟啊！為什麼會這樣呢？畢竟，「我沒有什麼好惡，所以我喜歡這個。」這句話本身就自相矛盾啊。因為，所謂沒有任何好惡，指的是不只沒有討厭的東西，也沒有特別喜歡的東西。既沒有喜歡的，也沒有討厭的東西。可能是沒有發覺到吧。不，就是沒有好惡嘛。

到現在為止，每當別人詢問我：「您有什麼討厭的東西嗎？」我都回答：「完全沒有偏愛或討厭的東西。」不過，我想，既然都要回答了，那麼以後我會多用心，明確一點地回答，要嘛說「我沒有討厭的東西」，要嘛說「全部我都喜歡」。

這是因為一個人如果連喜歡的事物都沒有，似乎很可憐呢！

常常有大人會擺出一副很懂的表情說教，「去找到你喜歡的事物！」或者是對晚輩老生常談，「只要是你感興趣的事，你就能堅持下去！」可是，「管別人大談喜歡什麼，我就是興趣缺缺。」像這種人，不也是大有人在嗎？反倒是討厭的事物，馬上就能想起來了呢！順便一提，我最討厭的就是寫小說。（笑）雖然我告訴大家我沒特別的好惡，但真要我舉出一件我討厭的事，就是寫作。我討厭的就只有這件事。

首先，當我們被別人問到「喜歡」的理由時，多半一時想不出來，可是對於「討厭」的理由，卻能想出一籮筐來！因為，人總會合理化自己的行為，把事情正當化。

為何厭惡，管它理由是多麼牽強，硬要瞎扯，也能擠出一大堆理由來。

本來，一個人對好惡應該是沒什麼道理可言！連自己也不太確知，到底是不是真的喜歡。所以，想得太多了，反而沒把握是不是喜歡，會變得猶豫不安起來，或者，原先帶有「說不上來，但就是覺得喜歡」這種程度的好感，可是想過頭了，搞得連朦朧的感覺都消散不見蹤影了。

這就是為什麼你一時想不出有什麼喜歡的事物時，卻偏要你去探索，硬把它找出來，當然會摸不出頭緒、找不到原因了。

對於那些已經有自己的喜好和興趣的人而言，這樣固然很好，可是，對那些並無特別偏好興趣的人說：「讓我們只做自己喜歡的事！」這是強人所難吧！不過，真正厭惡的事，怎麼樣還是厭惡，沒有商量的餘地。那麼，該怎麼辦才好呢？

唯有用頭腦這一招，才能讓你們避免做自己厭惡的事情，同時還能全身而退。只因為討厭就不幹了。這可不行！無非是這世界上有太多事情是即便你很討厭，但還是得硬著頭皮去做的！如果光是勸人盡量只去做自己感興趣的事，那會讓人誤解、會錯意。不過，只要你肯下工夫用腦子想辦法，說不定你不必去碰你討厭的事情，就能把事情解決了。當然，是以合法的手段。（笑）當你已經步入如意人生，而不必委屈自己做討厭的事，那麼，你就能盡情去做自己喜歡的事。至於沒有特別喜好的人，說不定你也能從討厭的事項以外的事物中發現你感興趣的事！所以，我們好好努力，以便能盡量讓自己不必去做討厭的事。挺住、拚看看。不對，「拚」，不是一個很好的詞。應該要改口說，為了盡量讓自己閃躲，不去做自己所不情願的事，而用腦子「使一點神機妙算」。「思考後路或抄小路」也是可行的辦法。

總而言之，就是要想盡千方百計，盡可能讓自己不必違心去做討厭的事。

只是，那麼做，遠比你唯唯諾諾去做討厭的事還要累人。這真是兩難。

依照事情的不同，想讓自己避免做厭惡事情的難度會提高很多。但壓力反而少了。這是因為用腦子使計謀是一件很愉快的事。例如，為達到這個目的，你派給自己怎樣的任務？自己又是否能順利完成那個使命？如果花腦筋去謀劃錦囊妙計的過程中，能讓你感到愉快喜悅，則至少在達成計謀以前，一時之間你不會太難受。因為，這個大千世界，就是充斥著厭惡之人和厭惡之事的地獄。這麼做也是在地獄逍遙遊的一種攻略妙方。

我不會喝酒，但是在我當上班族的時代，有需要陪人喝酒打交道的場合，在當時，這種喝酒應酬是強制性的。員工必須敬酒，喝下客戶強推的酒，或者幫上司倒酒等等，以現在來說，就是所謂的職權騷擾啊。在那個時代，可都是家常便飯。會搞這些的，多半是苛刻的黑心企業。

但這些麻煩都讓我全部避開了。只是，我可不像混進鄉下地方青年團組織的都市書呆子學生，傻瓜一樣直白地說：「我酒量不行！」這種不得體的話。而我都沒有被罵，我不是在老王賣瓜，自賣自誇，但我出人頭地算是比較早的。（笑）講得好像很輕鬆，實際上，那時我為了不想違背自己去做厭惡的事，也確實運用了智力、體力，靈活地設想各種戰術對策，兵來將擋、水來土掩，或機智地找各種退路，同時，我還比別人加倍勤奮工作。所以，我就不明白，那些去公司卻又不肯做事的人，到底是為了什麼而去上班呢？我自己就這樣當了一個滴酒不沾，又不打高爾夫球、不陪客應酬的上班族，度過了好一段時期。跟本身分內的工作比起來，說不定那些應酬更有趣。

努力擴增詞彙量。以這些底子累積文字素養，想辦法讓自己掌握詞彙運用自如的要領。

然後，充分利用豐沛的語彙和措辭技巧，盡可能讓自己能夠很得體地婉拒不願意做的事而沒有損失。你們手中掌握這些策略，不要好高騖遠去追求絕對無法實現的夢想，應該好好立定能力所及、可以具體實現、達成的目標，只要你們別把勝負輸贏攪進自己的人生，那麼，地獄會出奇地有趣。

如果仍然痛苦不堪時，就看書吧。書店裡賣著很多種類的書。圖書館也有大量的書。二手書店也有書，電子書也不少。也有租書店吧。跟朋友借書來看也不錯，總之就是找書來讀。我並不是說，大家都來買書。光是讀封面介紹的文字也跟閱讀沒什麼太大區別。書裡有另一種人生。透過閱讀，你不僅欣賞了不一樣的人生，你又可以擁有豐富詞彙這一項法寶。啊，我自己也出書。（笑）

但我是不為自己的書做宣傳，所以我不打廣告。

你們每個人在網路社交平台上寫的文章，如果能盡量讓內容更繁複、多采多姿，而且，盡量減少被人誤解的可能，或者，當你們閱讀別人寫的文章時，如果你們能夠從多元的角度去領會賞識和解讀的話，那麼，縱然現實的世界是這麼艱苦難熬，至少你們可以獲得假想虛擬世界裡的平靜安寧和幸運吧！那些能成為你們在真實的現實世界活下去的精神糧食。

好好地運用語言快樂地活下去！這就是我今天講的內容。

與京極老師一問一答
聊語言

Q 混沌必須用語言擷取嗎？

A 擷取只是達到認知理解的一種手段。

學生：京極老師，您有一句話說：「語言將混沌擷取出一部分，然後加以簡化。」想請問您，是否認為原本的混沌在被語言擷取一部分出來之前，就是因為太龐大而沒辦法被全部接收呢？

京極：並非接收、不接收的問題，我們本身就是混沌混亂的狀態。

經常有人說，「這個世界被一分為二，一邊為是○○，另一邊為不是○○。」我想表達的雖然跟這種二分法無關，但我認為，這個現實世界跟我們的內心世界可以粗略地一分為二吧。

內心的世界就是混沌紊亂的狀態。

既不是接收，也非不接收。即便你試圖要認識理解它，也無法被認識理解。混沌原本就是這樣子。然而，如果就照那樣原原本本混沌中的狀態，那麼它既無法被表達出來，也無法被思考了。

學生：可是，因為那句話裡用了「擷取」這個詞……

京極：為了讓雜亂無章的混沌（Chaos）變成有條不紊的宇宙（Cosmos），為了建構出條理有序的世界，就必須從中挑選出一些東西來。各種東西像爛泥一樣混合溶化成一團，你想要把它們一個一個排列整齊，也只是徒勞無功罷了。如果不採用某種形式提煉萃取出來的話，連排列都不可能辦到。只不過，提煉萃取的時候，要挑選什麼東西，就是很重要的關鍵了。選出的東西越多，可變化或參酌的項目就越多了，對吧。詞彙越豐富越好，指的就是這個意思，明白了嗎？

學生：感覺好像有點懂了。其次，您說您會將擷取的東西加以簡化後傳達出來，但是如果您傳達了，而接收訊息的人又接收過度的意涵，原本的意義會因此改變，那不是變得更混沌不明了嗎？

京極：所謂混沌，是全部的東西都混在一起，亂七八糟的無序狀態。將混沌中的一部分剪下然後道出的[51]，正是語言。唯有這麼做，混沌才能用語言表達。

意思是，接收了以此方式選出並擷取出來的語言的那個接收者，他從那些話語中聯想到的事物，是跟發言者本身所選擇擷取來表達的內容有些差別，而不是指接收者接收到混沌本身。因為，接收者是以語言來接收的，同時也以語言來思考。差別只在於，收到的內容對發送者和接收者來說，是不一樣的。

學生：不是混沌，那麼是不是有點像多樣性那樣？

京極：多樣性就是多樣性，不過，我認為，單單看作是多樣性的話，一定會有所缺漏。這就好比像豆子那麼小顆的子彈，雖然只是「砰！」地一聲，發射出去，可是射中目標的時候，卻像霰彈槍發射後，會擴散開來。當你把語言的表達到接收語詞者接收內容之間的差異，簡單概括在「語言的多樣性」這種似乎很漂亮的總結當中，感覺很舒服，似乎是明白了，可是這麼歸結，能選擇的意涵就變得更狹窄了。結果就是，看似這個理解很正確，但說不定反而會誤導了呢。就因為，「多樣性」也是一個感覺好像理解但其實似懂非懂的詞彙啊！更何況，你所指的多樣性，跟我想的多樣性也未必相同。

與其把它收縮限定在那樣泛泛的詞彙裡，我認為，還不如硬碰硬地用更鮮明清

51 京極夏彥老師在此選用的是「切り出す」（讀音為kiridasu），這個動詞可表三種涵義：1開始切割的動作，2將石頭或木材等切割後搬運出來，3毅然決然地說出。譯者依前後文的意思，綜合後將這個詞翻譯如上。和前面多次提到的「切り取る」（讀音為kiritoru）雖都有「擷取」、剪下（一部分）的意思，但「切り出す」更多了「化為語言」的動作。這裡，京極老師示範了以意思相近但略微差異的詞彙，細膩表達出語言在不同階段的作用。此處的「切り出す」正是將「混沌」這「無以名狀」（無法形容、無法命名）之物，進一步（以人類的偉大發明）用語言名之——道出它，也就是用語言命名它，用語言表達出來。而語言的作用，每次用語言來表述命名尚未被表述命名的新事物時，都可視為一場開天闢地的創始。

晰的說法來表達會更好一些。所以，現在，雖然你說「像多樣性那樣」，但我認為恰恰是「像……那樣」這一點很重要啊！

人呢，就只會用自己知道的語詞來思考事情。你現在從自己的詞彙中找到了「多樣性」，卻又不認為它是最合適的字眼，於是加上了「像……那樣」，是吧。的確，因為所謂的多樣性，指的是形形色色，各式各樣都有，你這麼形容也沒錯，但你感覺可能有點偏離了，不是嗎？回到你提的問題上，你的疑問是：那種狀態不是變得「更混沌不明」了嗎？而答案則是：那個狀態並非「混沌」。詞彙太多挑也挑不完整，可能會因此而感到抉擇「混亂」也說不定，只不過，這跟你提問的點完全是兩回事。

你現在接受了我所答覆的內容，於是從「混沌」這個詞彙當中擷取出「多樣性」這個詞，對吧。但你認為，用這種擷取方式可能不夠完整，因為你感覺到似乎有什麼被割捨了，於是加上了「像……那樣」。

這麼做很好啊！如果你嘗試用「多樣性」以外的詞彙來擷取「混沌」所蘊含的

意思，說不定會更貼切。因此，為了達到更吻合貼切，讓作為選項的詞彙增加越豐富，顯然是多多益善嘛。當然，因為語言都是有所欠缺、不完整的，雖然你思考如何換另一種說法來說，但一經選擇後是不足的結果，這是在所難免的，不必因噎廢食，因此不應該停止思考。接收訊息的人也好，表達訊息的人也好，都一再重複斟酌考慮措辭。我認為這點很重要。

近年來很盛行貼標籤後拍拍屁股走人的潮流。大家都喜歡給人貼標籤。例如，把多元複雜的問題總結在一個詞「LGBT 問題」。可是，L（女同性戀者）跟 G（男同性戀者）、B（雙性戀者）、T（跨性別者），全都各不相同。不但他們各自承擔面臨的問題相異，連各自社群團體內，例如在 L 女同性戀者的團體中，在 G 這個男同性戀者團體中，聚集形形色色的人，不同團體或個人各自的處境、狀態也不相同，群體內還有個人和個性的差異呢。可是卻把他們通通概括在一個詞 LGBT，說一句「因為 LGBT 問題很重要」這麼籠統的結論，就把問題擱在一邊。這麼一來，人們就感覺自己已經為每個人都付出了什麼，但其實不然。可是，由於無其他合適貼切的詞彙可用，或者，拿這個詞一概而論更容易使人一下子聽懂，於是就這樣輕易給人扣帽子、貼上標籤。整理整頓固然很重要，但這樣的歸納草率又很粗糙。從這種草率粗糙所引發的摩擦和糾紛也不少。

當然，有時候總括通通放在一起確實比較好。不過，一把抓的結果勢必會有些什麼掉落溢出來。關鍵在於，誰來撿那些被遺漏掉的呢？一定要撿起來，對吧。這在日常生活中也是同樣的道理。

關於詞彙定義相關的問題，雖然跟我在第一部分談論狗的話題不一樣，但就彼此在會錯意的情況下，對話依然可以成立的這點來看，可見得是一件很危險的事。剛剛我為什麼會拿狗的例子來比喻呢？到現在我自己還搞不清楚。（笑）

學生：謝謝您。

Q 「言靈」究竟是什麼？

A 既能「詛咒」也能「祝福」的力量。

學生：想跟您請教「言靈」。我的母親告訴我：「語言是言靈喔！」我在這樣的教導中長大，所以我一直認為要善待「言靈」。卻沒想到，它不具有影響世界的作用，可是，以我的經驗，例如我閱讀小說之類的書，但確實其中有很多深深打動了我的心，所以我認為，語言在冥冥中想必存在著什麼力量。

請問老師，對於「言靈」，您是基於怎樣的理解認知而使用「言靈」這個詞的呢？

京極：首先，我要強調，像「一語成讖」類似超自然的作用，是絕對不可能發生的事。所以這句話不妥。這一點是大前提。而且，依據文化圈的不同，它也是一個可從神祕咒術來理解的詞彙，不過，那一部分在此就省略不談了。

言靈（ことだま，讀音為kotodama）這個詞的「たま」（讀音為tama），漢字的寫法是「靈」這個字。「靈」，是人類發明僅次於「語言」的第二個了不起的概念。人世間既沒有幽靈，也沒有所謂的通靈、靈異現象，不過，「靈」作為文化上的機制作用，卻是在人類的歷史和生活中占據重要分量的概念。而把語言的「言」擺在這樣的「靈」之上，就是「言靈」這個詞。

我舉一個淺近易懂的例子。我們人呢，只要受到稱讚誇獎，就高興起來；但受到毀謗、遭人攻訐，就垂頭喪氣，人就是這樣子。也就是「話要看怎麼說」，同樣的事，會隨著不同的表達方式而給人截然不同的感覺和印象。「天氣真好，雖然下了濛濛小雨。」跟「欸，小雨下不停，雖然剛剛也出了大太陽。」這兩句話說的是同一件事，雖然給人的印象截然不同。不管你說什麼，都可以隨意換別種說法來表現。只因為改變了說話的方式，一個現象也跟著一百八十度大轉變了。白的也能變成黑的了。

可是，「鋪在這張桌子上的白布是黑色的。」無論我反覆說多少遍，但這一塊白布也不可能變成黑色的嘛。言靈的靈力，對於布料是起不了作用的。

但是，如果我一直不斷告訴你們，「這一塊布，是黑色的喲，黑色的喲，感覺是黑色的吧！」說不定你們當中有人把它看成黑色的呢。（笑）就算不可能，但你們在走出這間教室以後，要是有人脫口而出：「那一塊布，是黃色的，對吧？」結果會如何呢？沒有多少人會連布料的顏色都記得住的啊！

況且，這張紙，寫著演講題目的紙張是黃色的，在那個人脫口而出之後，可能有些人就會認為「咦？布好像也是黃色的耶？」呢。但如果脫口而出的人斬釘截鐵一口咬定，則他可能會更加信以為真了。這麼一來，連記憶都被竄改了。這可不是催眠術喔！因為不是處在催眠中的狀態啊！

這就是語言的威力功效。所謂「言靈」，指的就是發揮這種效力、讓語言產生威力、「起作用的語言」。

人的心，可以輕而易舉地受一句話操縱。可是，語言卻改變不了布料的顏色。

大家在新年過年的時候，會去神社或寺院參拜吧。參拜時，把香油錢往上一丟，然後拍手合掌，祈福許下各種願望，保佑讓我考上，讓我戀愛成功，讓我考試得滿分……這樣許願，不是嗎？

其實是搞錯了喲！神明不會為你做任何事。我並不是說，神不存在，或者說那些都是迷信。神明可不是整天無所事事，有那麼多閒工夫關心到每一個人瑣碎的狀況或煩惱。好幾百萬人都來求神問卜，不是嗎？

在神明面前要做的，是聲明你的決心。也就是對著神明宣示：「從現在起，我要做這件事。」因此，應該對著神祈求：「請讓我完成這件事。」因為，去執行和完成的人是你自己嘛。去求神拜佛，目的是為了到神的面前清楚表明自己的意志和決心有多麼堅定。

神明就斟酌、體察你認真嚴肅的決心而幫助你去行動。不過，話雖然是這麼說，神所做的，也只是在一旁守護關注你不被阻撓干擾、不要受挫罷了。畢竟能讓你實現願望的人，還是你自己。所以，就算到最後願望沒有達成，也只能歸咎到你自己身上。換句話說，是你沒有破釜沉舟的決心和堅定的毅力。雖然我們說「神明保佑」，但願望沒有實現，可不是神明的錯喔！說穿了，「神明保佑」多半是用在自己已經走投無路的節骨眼才會說的話嘛。（笑）你自己都不努力做事，卻坐等神明給你錢，請神賜給你情人，這樣稱心如意，可以不勞而獲的事，是不能對著神明發誓的。

在這世界上，沒有一件事是不付諸行動就能改變的。

你只是祈求禱告是不會有任何改變的。不過，祈求以及透過發誓祈求的方式而改變自己，這是辦得到的事。也因此才會有祈求之後，結果促使你採取行動的事情發生。

當很多人一起做一件事的時候，也是同樣的道理。牽涉到眾多人的事務，如果大多數的人都不付諸行動的話，那麼事情是不可能改變的。「重要的是，大家同心同德」、「只要大家一條心，就能克服困難」之類的話，常有人掛在嘴邊呼籲。當然啦，有些情況，團結一致確實有效。不過，只是齊心，根本無濟於事。若沒有合力採取行動，事情不會有什麼轉變。也不會因為大家一齊祈雨，就真的下雨。

想要使全員團結採取一致的行動，高舉口號標語的做法是很有效的。只是，不應該隨便拿一個口號就用。誠如我一再強調，語言本身有欠缺不足，而且還任人擺布，接收的人想任意怎麼解讀，語言本身是無能為力的。為了促使多數群眾的感受想法趨向同一個方向，有必要選出讓全體可以一致接受，或至少「好像」能一致接受的用語。不但如此，還必須是千挑萬選之後，能夠打動每個人的心、引起眾人共鳴迴響，鼓舞人心的話才行。雖然不容易，但如果能辦到，就一定會有效果，那就是所謂「言靈」的威力吧。

語言不能改變世界。不過，人倒是可以被語言改變，然後，由此可能在某些程度上產生什麼變化。「言靈」在物理上的效果是零。可是，如果從語言威力對人類產生效果這層意義來看，語言確實能創造社會性的變革。

對於有志成為政治家的人，希望你們能牢牢記住這一點！

只不過，應該留意的是，語言本身不僅殘缺不全，而且，就像「愛」這個字所呈現的那樣，語言也能唬弄人，使人眼花繚亂，看不清真相。為了達到「操弄」不特定多數對象的目的，政治宣傳和口號很容易流於簡化的句子啊。例如「美麗的」、「強壯的」、「改變」或是「第一」等等的字眼。（笑）又有多少詞彙因此而被遺棄、掉落呢？

只是，近年來的政治家在語言方面的素質和敏銳度，實在很糟糕。同樣的事物和現象，說好聽的話，被稱為「祝賀」；說難聽的話，則稱為「詛咒」。「祝賀」和「詛咒」，是同事物現象表裡的一體兩面。因此，如果我們不仔細思考措辭，不深思熟慮的話，則每一句話都會變成詛咒。所以，金玉良言不一定就導出好的局面啊。但如果是惡毒的話，口出惡言則更可能會招來惡劣的局面，一發不可收拾。這與說話者的感受無關，而是取決於接收這些話的人，隨他高興任意做各種解讀，發言者是無可奈何的。正因為如此，所以我們遣詞用字必須格外慎重啊！自己本身並無惡意，然而說出的話卻變成攻擊人的仇恨言論，這種例子不勝枚舉。歧視是絕不該有的行為，仇恨也很不可取。即使你沒有任何貶損他人的意圖，但語言就是遠超出你所能掌控，導致傷害攻擊的情況可是司空見慣。話一說出口就覆水難收，光是一句「我並沒有惡意」於事無補。

噢，別說是無心之言可能傷人，甚至連讚美誇獎的話都可能遭人誤解呢！「你很可愛啊！」這句話有可能變成性騷擾。欸！在現代，稱讚別人的容貌體態，就是性騷擾。無論讚賞者是出於多麼善意的讚賞，只要接收讚美的一方從負面惡意的角度去解讀的話，就阻擋不了善意被誤會成惡意的可能性。

另一方面，罵人的話卻出乎意料很容易就照單全收了。「去死吧！」這句話，除了「去死吧！」，好像也沒辦法解讀成別的意思吧。聽到人家說：「你這混帳東西，去死吧！」幾乎沒有人會回應：「好高興哦！」（笑）惡毒的話，就像最新銳的武器，是能夠精確定點攻擊人的。

雖然這麼說，不過，各位，就算你們心裡很想罵：「這個可惡的傢伙！」但千萬別輕易口出惡言去詛咒對方，這可是為了你們自己好喔。因為，詛咒會起作用的。當你脫口而出，產生了效果，這時才意識到「糟了！」，就為時已晚了。自古以來人們說：「詛咒他人，先掘雙墓。」意思是：「你先挖兩座墳墓吧！」「雙墓」指的是，被你詛咒的人的墳墓，以及給你自己用的墳墓。當你口吐惡毒的話詛咒別人，那麼，最終詛咒必然會回到你身上，所以你也不會有好下場。

也就是說，在詛咒當中暗藏了這麼大的風險，會害人又害己。

以前有一部影片叫《被詛咒的錄影帶》。故事講的是觀看了那支錄影帶之後，貞子會從裡面爬出來，幾天後，觀賞過錄影帶的每一個人都會死掉。而直到今天，換了不同的媒體，貞子依然大顯神通，甚至在網路上不斷大量繁殖。這部影片是不是應該被視為寓意來領會箇中的深意啊？

你在網路上看到了不該看的東西，有時忽然厭惡、不愉快的感覺就會湧上心頭，是吧。不過，儘管別人寫出的是讓你不爽的內容，你也不該任憑自己的情緒發洩，去留言詛咒別人。

你不曉得誰會讀到這個內容，也不清楚看到的人會怎麼解讀你的留言。唯一可以確定毫無疑問的是，你寫的內容會在網路上擴散出去。詛咒憑著這種形式能傳染給人。但在網路上，也只能做到語言文字的你來我往，即使你想為自己辯解，沒用的，只是白費力氣，畢竟網路不是能化解誤會的場合啊！網路中一旦引出唇槍舌戰，筆戰燒出的無名火越演越烈，話題也會搞得更複雜、更麻煩。甚至有人還因此而把人生都毀了。

網路上的社交平台是純粹靠訊息而成立、存在的虛擬場所，並不是真實的世界！因此，簡單一句話都能搞到雞飛狗跳，甚至殃及無辜。換句話說，網路社交平台是語言威力發功——言靈會靈驗——的舞台。那有點像是延伸人心靈思維的一套系統。但不僅如此，它還保持著與不特定多數人的現實串連在一起的狀態。正因為時時在線的狀態，網路平台更是危機四伏。網路社交平台既能放大語言良善的一面，也能放大語言邪惡的一面。但很遺憾的是，壞的一面比好的一面擴散得更快更廣，給人的印象和衝擊也更深刻，攻擊力也很強勁，命中率也特別高！所以，即使你的措辭有經過淘汰篩選，也最好是盡量避免使用難聽的話，多多留意吧！

我講的內容，可能跟你的提問有點離題了呢。您母親所說「語言是言靈」這句話裡面，也包含了「難聽的話還是別用的好」吧。我認為，確實如她所講的那樣。好好地善待、看重自己說出的話語吧。這樣回答，可以嗎？

學生：您的回答給我很多啟發，以下是我的感想，目前，我正在研讀歷史，從推特等網路接觸到妖怪等主題，我還在想如何看待妖怪與思想史，能聽到您說「言靈」作為概念和文化的關係很密切，真的太好了，謝謝您。

Q　您認為「語言乃是不幸」嗎？

A　語言既是不幸，也是幸福。

學生：三浦雅士先生[52]針對谷川俊太郎先生[53]的詩所寫的文章裡，有一段是這麼寫的：「語言乃是不幸。」谷川俊太郎先生的詩裡有一句「沉默乃是幸福」。三浦先生就此而寫了那句話。「用語言將我從我自身這個混沌中提取出來的時候，所產生的間隙，不是別的，正是語言的不幸。」我讀了這段文章，有共鳴認同的部分，也有我認為還不甚了解的部分。京極老師，對於「語言乃是不幸」這句話，您的看法如何？

京極：「語言」確實將「我」從「混沌」當中提煉取出來。如果說，因為提煉取出而捨棄很多就叫做不幸的話，那麼，確實是不幸啊！不過，應該也有因捨棄而萃取出來的幸福吧。

不過，在議論這一點之前，應該先想想看，「語言」當作感覺「幸福」或「不幸」的主體，這件事能成立嗎？「語言」斷然不可能是擁有人格的主體，因此這是說不通的。只有人類才感覺得到幸福或不幸。換句話說，這個論述，充其量只是藉語言來比喻。

谷川老師的詩也是運用語言而創作出來的。那首詩當中，能夠容納的想像非常寬廣。無論你是怎麼解讀領略，都不會變成我剛才提的那種「誤讀」。如果你讀了之後有些感動，身為感動主體的你自己本身是怎麼想的，比起作者是怎麼寫的，還要更加重要。

詩與小說不同，詩並不是讓人追著故事情節發展去閱讀的作品，也不是從邏輯方面讓讀者信服的創作。詩，只需要去感受就行了。

怎麼忽然覺得好像搖滾歌手卻講出療癒心靈者所說的話啊！（笑）不過說真的，讀詩就是只要去感受詩本身就夠了。因為，反正怎麼解讀，都沒有正確答案。每個人的感受方式不同，讀了詩之後，有感、無感，也因人而異。至於讀了詩卻毫無感覺的人，如果他願意反覆地讀，多讀幾遍，說不定忽然感覺到「真不錯」的剎

52三浦雅士（一九四六－），日本文藝評論家，擔任過《發現 Eurika》月刊及《現代思想》總編輯，著有《身體的零度——是什麼建立了現代性?》等文學、舞蹈和戲劇類評論。

53谷川俊太郎（一九三一－）是日本知名當代詩人、兒童文學作家、翻譯家。二十一歲出版首部創作詩集《二十億光年的孤獨》以來，到近年的《春的臨終》，各類創作多產，詩集、繪本、童謠等作品翻譯成多國語言。

那瞬間就來臨了。就像剛才我提到觀看電影《西伯利亞超特急》那樣。（笑）

三浦先生從谷川老師的詩裡領略到的感受，他用「語言乃是不幸」表達出來了。那麼，去思考三浦先生在這裡所講的「不幸」究竟所指為何，這件事從頭到尾也就成為努力解讀領略三浦先生思維的過程了。理由就在於「語言乃是不幸」這句話也是由語言所構成的。而且，還是非常詩意、文學性的表達。

我認為，與其去思考「語言」到底是「幸福」還是「不幸」，還不如重視你自己在閱讀那首詩，然後又去閱讀那篇評論之後的感覺如何，好好珍惜這些感受才是更具建設性的事情。的確，當我們把閱讀詩歌的感動總結在「真不錯」這樣的詞句裡，就勢必會從「真不錯」當中捨棄了某些東西，這樣是很不幸的。但由於使人感覺到「真不錯」這種感受的，依然是語言，那麼，語言也是幸福的。看來，語言似乎是既幸福，也是不幸。

學生：謝謝您。

Q　如果受到別人不合理的挑戰，該如何是好？
A　就讓挑戰失效吧！

學生：京極老師，您的演講非常有趣，謝謝您。我也很喜歡電影，我想我會去看《西伯利亞超特急》。

京極：嗯，不看也沒關係吧。（笑）

學生：從您前半段的談話中，我想到，有些事情本身究竟是不是蠻橫無理，當我仔細思考後，確認真的是不合理、故意找麻煩的情況，或因而受到挑釁，必須一決勝負的話，即使自己多麼不情願上擂台，但我想，被逼上梁山，正面對決的時刻還是躲不掉的。在這種處境下，只有改變自己的認知，否則我找不到讓自己保持心平氣和的方法。這種處境，京極老師，您會怎麼面對？

京極：因為那不是國技館[54]，所以，並沒有真正的擂台啦！

「上擂台」也是一種比喻。別人故意挑釁，存心找你麻煩時，你卻不得不買帳，在情理上你都沒有義務理會他。但面臨被迫跟對方較量，這種無奈的事，說來有時還真的會遇到啊。也因此，「擂台」這個詞才會在那個時刻被你意識到。既然如此，那麼，有一招可以讓決勝負的擂台失效。

那種情況下，擂台都是找碴的那一方架起來的喲！那麼，就必定會有對手期望該怎麼輸贏的構想。只要是挑戰，就必定會有一定的賽局規則。你根本沒有必要配合對手的規則去迎戰，所以，只要做到讓規則失效的狀況出現，那麼決鬥就必須自動消失了。雖然這並非輕而易舉的事，不過，我認為這也是只要用語言就能達到了。

我的師父水木茂老師也經常說：「別打架。肚子餓扁了！」確實如此。吵架打架半點好處都沒有。逞凶鬥狠不會帶來什麼好事，但打鬥和戰爭所破壞的，卻不勝枚舉。僅短短一天的戰事，就能把歷經百年才形成的鄉鎮夷為平地。人與人的關係也是一樣，一夕之間就能化為烏有。所以，你爭我鬥完全沒有必要啊！不過，就是有那種咄咄逼人、緊咬不放的傢伙，這種人很討厭哪！我們根本不想和這種人糾纏幹架，對吧。

剛才我說，如果是你討厭的事情，最好避開別做，是吧。如果厭惡，那就想想辦法，該怎麼做才能避免那件事。這是上上策。雖然很困難，不過，也會是相當有趣的事。

舉例來說，那種找碴尋釁，多半是虛張聲勢，想要騎到你頭上，就跟猴子一樣。但被挑釁的一方，根本什麼事都沒做，也沒有惹到他。自己既沒有覺得對方可惡，也沒有想跟他較量的念頭，根本什麼都沒有意識到。然而，偏偏就有自視甚高的人，以下馬威和炫耀把別人比下去，他才善罷甘休。「哼！你這小子，我在〇〇方面比

54 相撲是日本的國技，國技館位於東京都，屬於日本相撲協會的大型運動場。本書中翻譯為「擂台」，表一決勝負的舞台，原文多以「土俵」表示，即相撲比賽的舞台，直徑四點五五公尺的圓形土擂台。

你更厲害！」或者，「你根本就是沒用的傢伙！」等等，一副氣勢凌人的威風，來顯現自己的優越感。可是，就算你心裡面想：「跟你無關！笨蛋！」一旦你回應他，剛好正中下懷！對手就因為覺得有幾分勝算把握，所以才那麼仗勢欺人，騎到你頭上來！你這一邊會怎麼出手，對方在某種程度上已經預料到了。只不過，對方所能預料的範圍，也僅限於「挑釁方的標準」而已。所以，你不需要特別費心配合這種人。

會居高臨下欺侮你的人，他一定都在觀察你的一舉一動。然後，就是有什麼讓他感覺不爽而激怒他吧。也可能是他趁機壓制你，騎到你頭上，以便從中獲得什麼利益吧。但不管怎麼說，那全部是對方的問題。

既然是這樣，那麼就仔細洞察這個要貶損你、騎到你頭上的人，看清楚對手最自豪的點是什麼。然後，使他的驕傲英雄無用武之地。只要你巧妙地揭示他的氣焰囂張是荒謬可笑的狀況就行了。那麼，他就會主動收手。如果對方是一般已進入社會的人士，那麼，他炫耀自豪的，或許是年收入、社會地位、名譽等等。但如果不是，那麼，他看重的或許是無形的什麼，例如，人氣啦、聲望啊，或者獲得認同的渴望、自尊心等等。反正，他總是要從中有所收穫。那麼就使他的利益無效吧。這麼一來，自然而然會平息。

這可不簡單喔。被人欺負到頭上來了，你回敬對方，奉陪到底，畢竟是人之常情，心裡會比較舒坦。因為，會那麼囂張的人，泰半是缺乏自信、懦弱的人啊。你會贏的。不過，很威風地騎到別人頭上，原本就是很愚蠢的事啊！所以，去跟這種人一爭高下，沒什麼意義。

因此首先，好好地觀察對方吧。這個傢伙到底在想什麼？他想要幹嘛？他的性向如何？對我下馬威，欺負到家，他會得到什麼好處嗎？從這些側面仔細揣摩他的思維，然後設局讓他中計吧。

只要對方停止打壓你，那麼，決鬥本身就消失了。也就是和解。雖然有人會稱這是「不戰而勝」，不過，這並非勝負輸贏，這叫做和解。

「我才不願跟這種傢伙和好咧！」就算你內心是這麼想，但那樣做，確實就是在和解。自己這一邊並沒有讓步，而是使對方讓步。

學生：我沒有想過對方讓步的這種想法，所以覺得很新鮮。

京極：你想想看嘛，本來找碴要製造事端的人是對方啊！既然如此，那就使對方知難而退吧。既不是你退縮，也不是你屈服讓步，更不是跟他正面對決，以牙還牙去騎到他頭上，而是只要你能做到，使這個騎到你頭上的人覺得再下去沒意思了，那麼一切就結束了。更何況，你本來就對對方不抱任何興趣的嘛。

如果採用其他的做法，則經過這番折騰之後，兩人的關係多半無法好好維持下去。當你反擊，騎到他頭上，或許復仇時的感覺很好，可是，對方受到的又是怎樣的屈辱難堪，他勢必會報復。那好吧，既然不要冤冤相報，那是不是反正他騎到頭上來了，任由他頤指氣使、作威作福，就相安無事了呢？這的確也是一種可行性，只不過，這會變成另一種狀況，好傢伙你騎在我頭上，你煩不煩哪！而這種人忍辱負重，通常會成長。

只要你們弄清楚，這樣互相踩來踩去，騎到對方頭上，是蠢蛋才會幹的事，那麼，或許意想不到地，你跟這個人可以相處、交往很久也說不定呢。這種機會的可能性還是有的啊！

Q　請教您如何收納書本。

A　只有書籍的收納需要「愛」和執念。

學生：關於書本的收納，想跟您請教。京極老師，您在電視節目中講過，「抽換一本書，不如來抽換百本書吧。」以及「連一毫米的空隙都不要留！」我也依照您的說法去實踐，但還是沒辦法把書放進去。

京極：你的修行還不夠啊！（笑）剛才我一直在說，不要把「愛」掛在嘴邊，不過，唯獨書本的收納，最好有點執著和癡迷比較好。整理書籍，愛和執念、癡迷都是必要的。為了放進一本書，幾十本書都要抽換重新排列過。那是理所當然的事。（笑）

即使只有一毫米的縫隙，把十毫米合在一起，就是一公分，二十本書的話，就空出兩公分的空間了。在這個範圍內排列組合，怎麼樣都能擠出一些空間來。然後，書本的上方也有一部分空間吧。這樣很浪費。書架能夠移動的話，就挪一挪，減少無用的空間。

只是，書本有的高有的低。如果一排書的高度不一樣，就沒辦法把空間都塞滿。因此，書本的高度最好一致。這樣，書本看起來也整整齊齊，層架也能降低高度到極限，節省空間。不過，這麼說，並不是指整理書的時候，一定要按照書本的尺寸大小來排列。你可以根據作者名字或出版社排列，依照書脊的顏色或書本內容性質主題分門別類，或依照你自己買書的先後順序排放，又比如說，你在追的偶像推出喜愛的限量版收藏，或動漫的模型公仔等等，你想把那些都擺在一起……各種排列方式都有。分段怎麼擺放比較好，你都試試看吧。所以，要盡可能在間隔最短的期間內重新排列整理你的藏書。嘗試過各種收納方式以後，「哇！竟然空出這麼大的位置來，可以塞進兩本書嘍！」或是，「這一來，不是就讓書架變大了嗎？」這些全新的可能性也隨之冒出來。重複去發現，再三地重複去發現，如果還是沒辦法擠出多餘的空間，那就把書本前後排列成兩排好了。（笑）不過，在想盡所有的辦法之前，絕不可以兩排並列。因為，兩排書並列的書架在地震發生時傾倒的機率相對很高。書本水平橫放的情況則更危險。地震發生的時候，並非因為書架會傾倒而危險，而是書架搖晃時，會碰到後面的牆壁然後反彈，書本就這樣彈飛出去。擺在高處厚厚精裝本的書一旦被射出去，就極可能變成凶器。基本上是固定在牆上沒錯，可是，當書本分成前後兩排擺放，就會掉落下來，而書本橫著放又很容易滑動。盡量直立起來，書本不要橫著擺哦！加油！加油！讓我們用愛和執念，再稍微下一點

工夫試試看吧！因為生命很危險哪。（笑）

Q　為什麼要寫您討厭的小說呢？
A　是為了討生活吧。

學生：京極先生，您討厭寫小說，為什麼還以寫作當您的工作呢？既然您都說，要「避免做討厭的事」。

京極：我很累了。（笑）為了避免做討厭的事情，都需要耗費智力、體力的。一開始的時候，還能夠想東想西，要各種花招，可是人一步入老年，各方面都慢慢衰弱退化，就覺得很麻煩。但畢竟我要養家餬口，事務所的運作也得維持下去，在人情世故和道義上，雖然我並沒有虧欠出版社，不過，我倒是深深感謝愛護我的每一位讀者。當他們對我說：「寫下去吧！」我也只能回答：「好。」我可是很想早一點退休啊。但寫作既沒有退休年齡，付出和回報往往不成比例，是有苦衷而不得不幹的活。

所以，今後我也只能暫且一邊品味這個地獄的酸甜苦辣，一邊生活啦。各位，你們都還很年輕，請你們盡情享受在極度艱苦中惡戰搏鬥的努力吧。

Y!Torch20

人間地獄　語言爲器

地獄の楽しみ方

國家圖書館出版品預行編目 (CIP) 資料

人間地獄 語言為器 / 京極夏彥著；任雙秋譯 . -- 初版 . -- 臺北市：天培文化有限公司出版：九歌出版社有限公司發行 , 2022.06

面；　公分 . -- (Y!Torch ; 20)

譯自：地獄の楽しみ方

ISBN 978-626-95775-8-3(平裝)

1.CST: 人際傳播 2.CST: 語言

177.1　　111006450

作　　者──京極夏彥

譯　　者──任雙秋

責任編輯──莊琬華

發 行 人──蔡澤松

出　　版──天培文化有限公司

台北市 105 八德路 3 段 12 巷 57 弄 40 號

電話／ 02-25776564・傳真／ 02-25789205

郵政劃撥／ 19382439

九歌文學網　www.chiuko.com.tw

印　　刷──晨捷印製股份有限公司

法律顧問──龍躍天律師 ・ 蕭雄淋律師 ・ 董安丹律師

發　　行──九歌出版社有限公司

台北市 105 八德路 3 段 12 巷 57 弄 40 號

電話／ 02-25776564・傳真／ 02-25789205

初　　版──2022 年 6 月

定　　價──300 元

書　　號──0302020

ISBN：978-626-95775-8-3
EISBN：9786269577590 (PDF)　　Printed in Taiwan

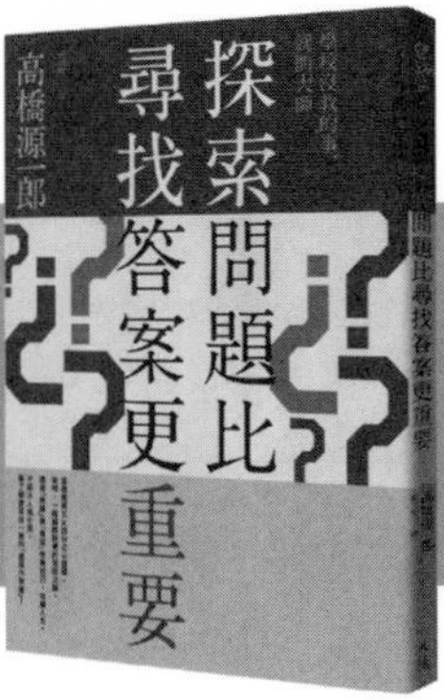

探索問題比尋找答案更重要

高橋源一郎／著；嚴可婷／譯

★曾獲得群像新人長編小說賞、三島由紀夫賞、伊藤整文學賞、谷崎潤一郎賞等日本文學重要獎項，日本作家高橋源一郎，談「思考」的重要性，並著重於透過「閱讀」與「書寫」來培養思考的能力。

★即使是「常識」，也必須要有所警覺。常識是指社會上多數人認覺得「正確」的事，不過我們並不知道那是否真的「正確」。如果要考量到甚麼是「正確」的，或什麼是「常識」，就必須深入思考為什麼這是「正確」的，或是為什麼這是「常識」。:

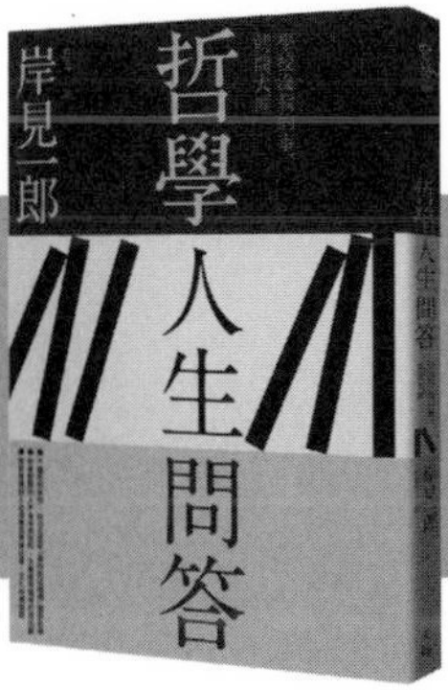

哲學人生問答

岸見一郎／著；蔡易伶／譯

★ 《被討厭的勇氣》暢銷作家、哲學家岸見一郎，關於人類、生命最核心的思考，以最平實的方式闡釋，從青少年到為人父母者都應該讀的一本書。

★ 四十一道人生問題，含括個人、教育、人際、工作、未來以及生命的意義等面向，哲學家的回答，引領讀者思考屬於自己的答案與信念。

歷史是一雙靴子

磯田道史／著；黃鈺晴／譯

★ 日本歷史學家磯田道史與讀者談「歷史的思考」，輕鬆幽默，卻又發人深省，想要知道為什麼要讀歷史的人，應該讀的一本書。

★ 從人類為何有「歷史」概念開始，到人類為何需要歷史、我們如何看待歷史，與歷史對我們此刻生活的重要性，讓讀者理解，歷史絕對不是教科書上需要背誦的條目而已。